高等教育"十二五"规划教材·旅游酒店系列

旅行社经营管理沙盘实训教程

主编 徐公仁

北京交通大学出版社

·北京·

内 容 简 介

本书是指导高等职业院校学生开展旅行社经营管理沙盘实训的教学指导用书。

本书以情景模拟、项目导向、任务驱动为编写思路，学习内容紧密贴合我国旅游管理方面的法律法规，学习过程采取"企业化"的管理模式，将学习与企业培训、旅行社经营管理有机结合。本书通过引导、启发，旨在让学生在体验中学习，在失误中反思，在思索中成长。全书内容简洁、重点突出，以应用、操作为主，重在培养学生良好的学习、工作习惯，形成良好的管理意识、管理理念。

本书既可作为旅行社经营管理沙盘课程的教学用书，也可为旅游管理专业开展创业管理培训之用，还可为旅游管理类专业的教师从事管理类课程改革及新课程开发的研究、参考之用。

未经许可，不得以任何方式复制或抄袭本书部分或全部内容从事出版及商业之用。

图书在版编目（CIP）数据

旅行社经营管理沙盘实训教程 / 徐公仁主编. —北京：北京交通大学出版社，2016.8
（高等教育"十二五"规划教材·旅游酒店系列）
ISBN 978-7-5121-3024-1

Ⅰ. ① 旅… Ⅱ. ① 徐… Ⅲ. ① 旅行社–企业经营管理–计算机管理系统–高等职业教育–教材 Ⅳ. ① F590.63–39

中国版本图书馆 CIP 数据核字（2016）第 215218 号

旅行社经营管理沙盘实训教程
LÜXINGSHE JINGYING GUANLI SHAPAN SHIXUN JIAOCHENG

责任编辑：郭东青　　　助理编辑：崔　明
出版发行：北京交通大学出版社　　　　　电话：010-51686414　　　http://www.bjtup.com.cn
地　　址：北京市海淀区高粱桥斜街 44 号　邮编：100044
印 刷 者：北京艺堂印刷有限公司
经　　销：全国新华书店
开　　本：185 mm×260 mm　　印张：8　　字数：200 千字
版　　次：2016 年 8 月第 1 版　　2016 年 8 月第 1 次印刷
书　　号：ISBN 978-7-5121-3024-1/F·1642
印　　数：1～2000 册　　定价：30.00 元

本书如有质量问题，请向北京交通大学出版社质监组反映。对您的意见和批评，我们表示欢迎和感谢。
投诉电话：010-51686043，51686008；传真：010-62225406；E-mail：press@bjtu.edu.cn。

　　"旅行社经营管理沙盘"是笔者开发的第二套用于旅游管理类专业教学的实训教学系统。第一套"酒店管理模拟沙盘"教学系统在天津滨海职业学院、无锡城市职业学院的教学应用过程中得到了师生的一致好评，也让笔者甚感欣慰。

　　沙盘教学目前在经济管理类专业中得到了广泛的应用，它以亲身体验、灵活、新颖的教学方式，得到了广大教师、学员的共同认可。"让学生爱上课堂"，这是我们当前教育界的共同课题和主题。沙盘教学，让学生爱上了课堂，把企业搬进了课堂，把企业文化引入了课堂，有效实现了"理论与实践的对接，学习内容与岗位职责的对接，教学过程与经营管理过程的对接"。正是这种新的教学理念和教学模式，引起师生的共鸣，受到师生的共同欢迎。

　　高等职业教育培养目标与本科教育、中职教育应有质的区别，体现在其与本科教育相比更强调技术、技能的培养；与中职教育相比体现在其技术的"高属性"方面。因此，高等职业教育旅游管理专业人才的培养就要从"技术+管理"的属性上复合培养；高等职业院校旅游管理类专业在人才培养过程中，应适当注重加强对学生管理能力、管理思维和管理意识的培养，加强对学生职业生涯规划的指导，拓宽学生实习就业的岗位选择途径。当然，在人才培养过程中，职业院校学生对技能、技术学习的积极性较高，对于一些看不见、摸不着的管理理论、管理方法、管理工具的学习往往存在畏难或抵触情绪，使得教师的教学工作变得异常困难。笔者认为，不能因此埋怨学生而放弃我们的责任，教师应该通过教学改革或借助各种新的教学工具来改变这种局面。

　　笔者研发的旅行社经营管理沙盘，通过模拟旅行社经营管理业务，使学员在市场分析、战略制定、市场营销、业务开发、计调管理、采购管理、人力资源管理和财务结算等一系列的活动中，领悟科学管理规律，提高管理规划能力。同时旅行社经营管理沙盘可以帮助参加培训的学员深刻理解旅行社战略管理、整体运营、团队建设、沟通管理，并能有效提高旅行社管理人员商业计划与商业决策的能力。笔者根据教学需要编写了本实训教程，希望借助沙盘这一教学工具，让学生扮演角色，体验旅行社各种管理岗位，以岗位职责要求为指引完成各项工作任务，实现"教、学、做"一体化的教学模式。以此来培养管理意识，学习管理工具和方法，增强职业认知和职业技能。

　　由于研发、写作能力有限，不足之处敬请谅解！也随时欢迎各位专家、同行们与我们沟通交流，提出宝贵的修改建议，在此表示衷心的感谢！

1. 送给实训指导教师的建议

　　尊敬的老师，很高兴您担任旅行社经营管理沙盘的授课教师，您可能是第一次承担沙盘授课活动，因此就一些经验和体会与大家分享一下。

沙盘教学与我们传统的授课相比，对您的要求发生了很大变化。

第一，您的知识结构要从"纵向"变为"横向"。

您过去可能只是营销、计调或人事的专家，那么在沙盘课程中，您要变成一个多面手。您要对旅行社经营管理的方方面面都有所涉猎、掌握。除了刚才提到的知识，还要对财务、战略规划等方面有所了解，您的知识一定是"横向"的。

第二，请您树立企业管理者的角色意识。

学习活动开始后，您是所有旅行社的"董事长"，您的学员都是您的"职业经理人"。因此，您的教学活动已经变成了"员工培训"+"监督运营"活动了。您要让学员树立起"员工"意识，同时，您也应该用企业人士的思维、语言和行动来管理您的"员工"和您的"教学活动"。

第三，您要树立"引导师"的角色意识。

在后面的教学活动中，请您注意：您不是"问题"解决者，而是"问责者"；您更多是"问题"的提问者，而不是"答案"的提供者。

第四，您要注意把德育工作贯穿之中。

专业教学与德育工作不分家，也不能分家。沙盘教学活动更是一个很好的德育工作的过程，您要把对诚信意识、责任意识、文明礼仪、担当精神等方面的教育很好地贯穿于教学活动中。

第五，您要留给学生更多的时间进行总结和交流。

您不仅要让学生按进度往前走以完成任务，更重要的是要让学生回头看，即好好总结做过什么？为什么这么做？与预期的差距在哪里？原因在哪里？要给学生留出更多的时间，让其交流与分享经验。

第六，在点评过程中，您要走出沙盘。

教师点评是沙盘教学的重要环节，指导教师要用专业知识和管理理论来指导和分析学生的经营、管理行为。但您一定要走出沙盘讲理论、讲实践，不要单纯就沙盘讲沙盘。学生模拟的沙盘活动只是理论应用的一个具体或特殊的案例，因此我们建议：教师要带领学生走入沙盘做业务，走出沙盘讲理论，回到沙盘看案例。

当然，更多的教学经验需要大家一点点摸索和总结，以形成自己的教学风格和管理模式。

2. 送给实训学员的话

亲爱的学员们，很高兴大家参与到旅行社经营管理沙盘的学习活动中来，在大家开始学习前，给大家分享一下我多年沙盘教学过程中的一些体会。

沙盘教学最大的特点就是参与、体验、对抗。每位学员在未来几天的学习过程中，都将会承担一定的角色。请大家注意，你已经不是一个人在战斗了，你已经进入了一个"team"，你必须高度融入，对团队负责，树立起团队的荣誉感和责任感。

当然，在团队中，目标应该是清晰一致的。但是你也要意识到，团队中会有"冲突、矛盾"，这是有益的，也是必然的，请坦然面对，不要害怕，更不要回避；要勇于交流，善于沟通，力求团队和谐，实现团队目标。

在经营过程中，你也会遇到各种困难和挑战。请你树立"不抛弃、不放弃"的管理责任感，相信"办法总比困难多"，只有经过自己和团队的努力解决掉问题，你才能享受到成功的喜悦。

在经营过程中，你还会遇到很多从来没有做过的事情，不要轻易说"不会做""没做过""等老师讲解吧"。人生中会有很多陌生的第一次，所以不要害怕，要学会用专业理论指导实践活动；要学会"规划"，学会在做事前先在"头脑中演绎"，然后实践验证；要先思而后行，千万不要边干边想。

学员们，在沙盘学习过程中，要学会分享，学会模仿，学会把别人的知识、经验及优秀的习惯变成自己的"财富"，这是代价最小、效率最高的成长路径。

更多的事情还是大家慢慢体会吧！

编者

2016 年 6 月

目录

Mulu

第 1 章

旅行社经营管理沙盘概述

对于旅游管理类专业的教师、学员来讲，管理沙盘还是很陌生的事物。也许听过，也许见过，但大部分人都没有体验过。本章我们就首先跟大家聊聊，什么是管理沙盘？沙盘教学为什么能够风靡全球，风靡中国职教界，受到全国高职、本科院校，甚至 MBA 教育的共同关注。

本实训教程主要是供职教界的师生参考与使用，因此首先要跟大家谈谈沙盘教学能为职业教育中的师生带来什么价值，然后介绍旅行社经营管理沙盘课程的基本情况。本章的内容与课程实训没有必然、直接的利害关系，只是希望师生对沙盘有初步的认识，所谓知其然知其所以然。

需要说明的是，沙盘教学的价值毋庸置疑；那么旅行社经营管理沙盘的价值也毋庸置疑，根据笔者所在学校及兄弟院校的师生反馈，旅行社经营管理沙盘在旅游管理类专业教学中的应用，无论是在教学理念、教学方法，还是教学效果上都获得了前所未有的肯定。

1.1 沙盘教学简介

1.1.1 什么是管理沙盘

沙盘源于战争，军事上常用沙盘来进行一些战争区域的地形模拟，不用了可以把沙子推平重来。英、美知名商学院和管理咨询机构最早意识到这种战争沙盘推演方法同样适合企业对中高层经理的培养和锻炼，随即对军事沙盘模拟推演进行广泛的借鉴与研究，最终开发出了企业沙盘实战模拟培训这一新型培训模式。

教学用管理沙盘不是战争模拟沙盘，而是在一个平面上把企业的重要部门、重要业务通过盘面展示出来，引领学员进入一个模拟的竞争性行业，由学员分组建立若干模拟公司，围绕形象直观的沙盘教具，实战演练模拟企业的经营管理与市场竞争，感悟经营决策的真谛。

1.1.2 沙盘教学的特点

在沙盘教学中，学员进入课堂，就等于进入了"企业"，每个人都有了一个"岗位"角色，如总经理、财务主管、人力资源主管等；每个人都有了专属分工，每个人也都有了自己的"任务"。一个班级被分成了不同的"企业",企业与企业之间有了竞争和对抗。因为有了"商业利益"的驱使,同学之间也要保持距离,防止"商业计划泄露"。老师再也不是满堂课滔滔不绝的"讲师",而是成了"惜字如金"的引导师、"董事长",督促、指导、监督各个企业的运营。

沙盘教学,真正使学生变成了课堂的主体,使他们的聪明才智有了释放、发挥的舞台。学生有了具体的任务,教师(董事长)对学生进行监督、问责和指导,使说教变得不再空洞。

沙盘教学,给了学生一个舞台,他们变成了企业自身的"编剧、导演和演员"!

沙盘教学目前在经济管理类专业中得到了广泛的应用,以亲身体验、灵活、新颖的教学方式,得到了广大教师、学员的欢迎和好评。

1.1.3　沙盘教学的价值

在 2015 全球教育科技大会上,ATA 测评研究院院长刘颖女士指出 3 个问题。① 很多企业希望招进来的员工能够扛得住巨大的工作压力。② 企业用人时,要求学生具有特别强的分析问题和解决问题的能力,特别是能够从已有的模式里发现问题,然后提出改进的建议和方法。③ 企业招聘员工时,更关注他们在实际的工作场景和环境中,是否能够解决问题,处理问题,而不仅是是否掌握了学科中碎片化的知识。ATA 测评研究院通过对 16.55 万名应届大学生心理健康状况的测试研究发现,大学生心理健康风险的比例达到了 22%,并且该比例在逐年增长。ATA 测评研究院研究认为,当今中国学生走向社会的时候,他们的综合性解决问题的实战能力普遍偏弱,普遍缺乏审辨式思维的训练,即缺乏能够从更系统、更逻辑、更周到、更全面的角度思考并发现问题。

管理沙盘课程是在"虚拟经营场景、虚拟工作任务"的约束条件下开展工作,完成工作任务。在虚拟经营过程中,经营困境、资金短缺、生存挑战、资源节约利用等问题不断暴露,需要学生逐个找出问题、定义问题、探讨解决问题的方法,制定并实施解决措施,接受心理、知识、素质和管理责任感的挑战。学习过程中采取"团队学习、行动学习、体验学习"的学习方式,在行动中解决问题,在行动中体验知识的应用,在行动中体验团队合作,在行动中学习、模仿团队中的优秀者。这样的学习方式,能够更好地培养学生的合作、沟通、组织等能力,提高他们的心理素质和品德修养。

沙盘模拟是一种全新的教学模式,其对抗课程、互动式的教学方式融角色扮演、案例分析和专家诊断于一体,充分体现"学生是主体,教师是主导"的全新教学方式。通过实践教学,我们发现沙盘教学具有重大意义,主要体现在以下 5 个方面。

1. 缩短就业的"适用期",甚至达到"零距离"的理想状态

职业教育要培养高技术技能型人才,就要努力实现四个"零距离":学生与企业的"零距离",学校与企业的"零距离",理论与实践的"零距离",教师与技师的"零距离"。其中,学生与企业的"零距离"是根本,更是落脚点。职业学院就是要培养企业想用、敢用、能用的应用型人才。

沙盘模拟教学实现"把企业搬入课堂""把企业文化引入课程",为学生较快满足企业需求、掌握企业需要的技能提供较好的培训。

2. 提升学习兴趣,让学员爱上课堂

兴趣是最好的老师。教学过程中,由于学生融入职业角色,富有强烈的集体荣誉感和责任感，学习过程本身也是一个竞争比赛的过程，因此学生的热情和参与性明显提高，教学效果能够得到较好的保证。

3. 全面提升学生的操作技能

沙盘模拟教学不仅检验了学生对理论知识的运用能力，更培养了学生团队协作意识、沟通能力、演讲技巧，充分展现了学生的个性。另外，通过担任不同的职业角色，也加深了学生对职业发展要求的认识，更加明确了未来的职业发展方向。

4. 培养学生的责任感和使命感

在模拟企业经营过程中，管理者（学生）"不抛弃、不放弃"的责任意识，遇到问题迎难而上、攻坚克难的精神，工作职责分工明确、团队精诚合作的氛围，培养了学生抗挫折、敢奋斗的良好素质。

5. 教师科研的平台

模拟沙盘为旅游管理类专业的教师提供了一个崭新的平台，为教材建设、教学方法探讨与理论研究带来了很好的机会和空间，可以为教师科研工作提供新的方向，有利于提高院校教师科研水平。

1.2　旅行社经营管理沙盘课程简介

1.2.1　旅行社经营管理沙盘基本信息

旅行社经营管理沙盘采取分组教学模式进行授课，由学员分别模拟 6 家虚拟旅行社，通过自主经营，使学员在市场分析、战略制定、旅行社营销、业务开发、计调管理、采购管理、人力资源管理和财务结算等一系列活动中，领悟科学管理规律，提高学员管理规划能力。同时旅行社经营管理沙盘可以帮助参加培训的学员深刻理解旅行社战略管理、整体运营、团队建设、沟通管理，并能有效提高旅行社管理人员进行商业计划与商业决策的能力。

对于有创业意愿的学员来讲，管理的学习和培训是非常重要的环节。旅行社经营管理沙盘能够更好地帮助学员树立系统思维，站在全局的角度思考解决问题，培养学员"谋全局、谋万世"的意识和能力，为创业打下良好的基础。

1.2.2　旅行社经营管理沙盘模拟角色及职责

在授课过程中，学员按班级人数平均分成 6 个小组，每个小组分别模拟经营一家旅行社，旅行社分别设置如下 7 个岗位（含岗位职责说明）。

（1）总经理：全面负责旅行社经营与管理。

（2）财务部经理：公司财务预算，会计核算和账务处理，旅行团费收取及相关费用支付管理。

（3）人事行政部经理：导游员招聘、培训及公司人员管理，各职能部门人员培训及绩效考核，计算核发导游员工资及管理人员工资。

（4）营销策划部经理：旅游产品线路设计与开发，旅行社门市开发，市场推广及广告营销策划。

（5）计调部经理：制订接待计划，下发旅游团、导游接待计划，安排、协调导游出团，记录导游员工作。

(6)采购部经理:酒店、票务、交通等的预订管理,游客签证管理。

(7)质量部经理(备选):旅行社流程管理、服务质量管理及旅行社质量管理体系(QMS,quality management system)管理及旅行社星级评定工作。

在模拟经营环境中,还需要有同学模拟担任如下外围角色(含职责说明)。

第三方供应商:负责交通、住宿(含餐饮)、景区的服务工作。

第二方地接社:为本旅行社提供国内游、出境游的地接服务。

第二方组团社:为本旅行社提供本地游、入境游的组团游客服务。

政务服务中心:负责监督本旅行社员工权益(休假)、监督本旅行社 QMS 认证、质量保证金缴纳、旅行社责任保险投保、业务资质管理等事宜。

1.2.3　旅行社经营管理沙盘模拟盘面说明

旅行社经营管理沙盘虚拟 1 家旅行社,该社设有总经理、人事行政部、计调部、财务部、采购部、营销策划部 6 个职能部门;虚拟旅行社采用平面示意图形式展现,如图 1-1 旅行社经营管理沙盘所示的盘面信息。学习过程中,所有学员按部门岗位就座,完成岗位工作任务。

1.2.4　旅行社经营管理沙盘模拟流程说明

旅行社经营管理沙盘共模拟 3 个月的运营工作,其中每月 4 周为 1 个周期。每个周期需要管理团队进行财务结账,并认真总结其月度工作。相关模拟流程及职责分工如表 1-1 所示。

表 1-1　旅行社经营管理沙盘模拟流程及分工表

日期	工作顺序	工 作 内 容	职责分工
月初工作	1	月度工作计划	全体管理层
	2	支付管理人员工资	财务经理
	3	现金盘点	财务经理
周一	1	周工作计划会议	全体管理层
	2	旅行社责任保险投保、续保	质量经理
	3	借款、还本付息(质量保证金利息收入)	财务经理
	4	相关旅游线路服务推进	计调经理(导游)
	5	分社、服务网点建设(建设费、质量保证金)	营销、财务、质量经理
	6	新业务资质建设、换证(出境游质量保证金)	营销、人事行政、质量经理
周二	7	相关旅游线路服务推进	计调经理(导游)
	8	导游员招聘、辞退	人事行政经理
	9	销售广告投放	营销经理

日期	工作顺序	工 作 内 容	职责分工
周二	10	业务接待、咨询	营销、计调经理
	11	接团、组团工作计划安排	计调经理
	12	与第二方组团社洽谈、结算	营销、财务经理
	13	与第三方供应商洽谈、结算	采购经理
周三	14	相关旅游线路服务推进	计调经理（导游）
	15	本地游（地接服务）发团	计调经理（导游）
	16	组团游团费入账（100%）	财务经理
	17	与第二方地接社业务洽谈（交纳团费80%）	采购经理
周四	18	相关旅游线路服务推进	计调经理
	19	国内游（组团业务）发团	计调经理、质量经理
	20	旅行社等级申请、审核及评定	营销经理、人事行政经理
	21	出境游办理签证	采购经理
周五	22	相关旅游线路服务推进	计调经理（导游）
	23	出境游（组团业务）发团	计调经理、质量经理
	24	预定下周交通、住宿、景区等服务	采购经理
	25	旅行社 QMS 认证	质量经理
	26	现金盘点、对账	财务经理
	27	周工作总结	全体管理层
周六	28	相关旅游线路服务推进	计调经理（导游）
周日	29	相关旅游线路服务推进	计调经理（导游）
月末工作	1	交费（服务网点、分社及旅行社本部租金及管理费）	营销经理
	2	支付导游员工资	财务经理、人事行政经理
	3	财务结账	财务经理
	4	管理层总结、述职	全体管理层

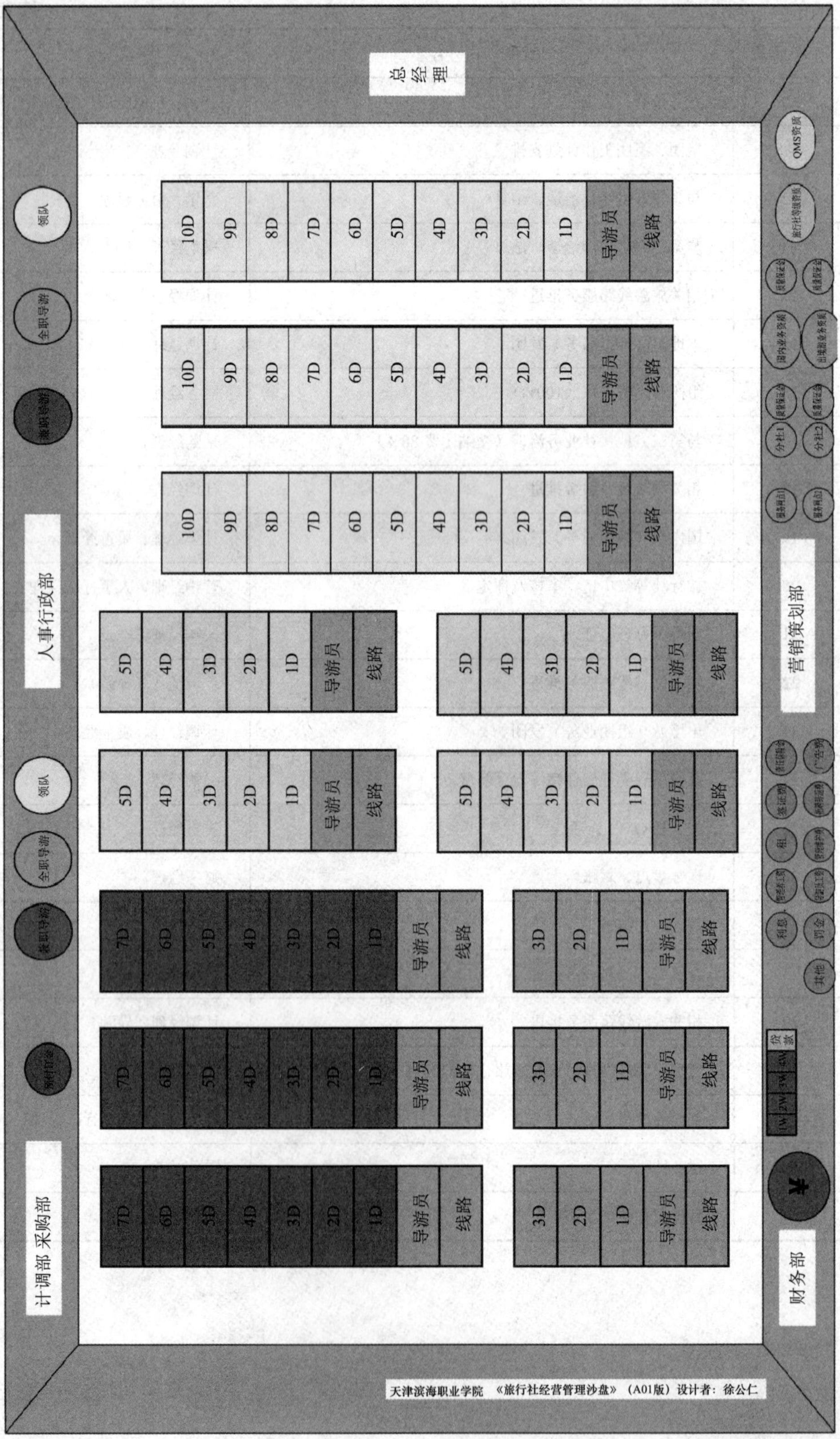

图1-1 旅行社经营管理沙盘盘面

第2章

旅行社经营管理沙盘模拟经营

本章向学员们介绍模拟经营规则，虽然记忆模拟经营规则是枯燥的，但是，模拟经营规则却是非常关键的。旅行社经营管理沙盘是在虚拟的经营环境中运营的，模拟经营规则就是"市场规则"，是所有模拟旅行社的共同准则，不得违背。同时，旅行社经营管理沙盘是一种项目导向、任务驱动的学习方式，就是在虚拟的任务背景和虚拟的约束条件下完成的一项"任务"，而经营规则正是对虚拟场景、任务背景的说明。

沙盘学习是一种对虚拟现实的仿真学习，在规则设计时尽量与现实靠拢，但是复杂的社会环境是在仿真设计时无法完全体现的，因此模拟规则也是我们的"假设条件"。当然，在沙盘学习时，我们要遵守模拟规则，但是在思考、反思、总结时，我们又要走出"沙盘"看社会、看企业，更好地理解、把握旅行社的经营管理。

模拟规则基本是按岗位、按部门进行说明讲解。我们建议每个岗位的学员要根据工作岗位职责的要求学习、记忆模拟经营规则，最底线的要求是每个岗位的同学都要达到岗位上"行家里手"的标准。

学员们进入旅行社经营管理沙盘的学习过程中，意味着你已经成了一位"准员工"，那么学习记忆模拟经营规则，就是对你进行的"岗前培训"，那么你能不能上岗呢？

2.1　模拟旅行社简介

模拟旅行社地处某旅游度假城市，该城市拥有丰富的文化、自然等旅游资源。旅行社的主要业务是地接服务工作（含国内游客和入境游客），但随着本地旅游服务业的不断发展，地区经济也会得到极大提升，居民收入水平不断增长，因此本地居民外出旅游的需求也不断增长。

目前旅行社注册资本 100 万元，具有 3A 级资质，同时具有国内旅游（含入境游）资质，并已交存质量保证金 20 万元。旅行社成立 2 年来，服务质量不断提高，社会声誉不断提升。随着当地旅游需求的日益增长，旅行社也会适当开展出境旅游业务，为此旅行社在资金、人员等各方面不断准备着。同时，为扩大市场覆盖，旅行社未来可以在东区、南区开设服务网点，在西区、北区开设分社，以更好地招徕顾客、提供旅游咨询服务。

模拟旅行社期初资产负债情况如表 2-1 所示。

表 2–1　旅行社期初资产负债表

编制单位：　　　　　　　　　　　　　　年　月　　　　　　　　　　　　　　单位：万元

资　产		负债和所有者权益	
流动资产		负债	
现金	60	短期借款	
其他应收款（保证金）	20	应交税金	
预付定金			
流动资产合计	80	负债合计	
固定资产		所有者权益	
旅行社本部资产	20	股东资本	100
服务网点资产		利润留存	
分社资产		季度净利	
固定资产合计	20	所有者权益合计	100
资产合计	100	负债和所有者权益合计	100

　　旅行社管理层聘请外部咨询机构就外来市场需求情况做了充分调研（见附录 A），管理层认为该调研报告内容翔实，数据基本能反映市场状况，具有高度的指导意义，可以为旅行社未来发展提供重要的参考。各模拟经营团队要认真研读此报告。

2.2　旅行社经营管理沙盘模拟经营规则

2.2.1　市场及开发规则

　　目前旅行社在本部所在区域市场推广业务。旅行社未来可以在东区、南区开设服务网点，在西区、北区开设分社，以更好地招徕顾客、提供旅游咨询服务。具体市场需求情况见附录 A。

　　旅行社服务网点及分社具体开发规则详如表 2–2 所示。

表 2–2　旅行社服务网点及分社具体开发规则说明表

	旅行社本部	服务网点 1	服务网点 2	分社 1	分社 2
开发费用/（万元/周）	—	5	5	5	5
开发周期/周	—	1	1	2	2
管理维护费/（万元/月）	3	1	1	2	2
租金/（万元/月）	1.5	0.5	0.5	1	1

	旅行社本部	服务网点 1	服务网点 2	分社 1	分社 2
增存质量保证金/万元	—	无	无	5/30	5/30

注：1. 以上服务网点及分社开发不分先后，可以同时开发，也可以单独开发；分社开发需按周期（周）平均支付开发费用，中间可中断但不能加速。

2. 分社经营出境旅游业务，需在旅行社本部取得出境游业务资质之后进行。

3. 服务网点及分社的开发费用主要是设备支出，因此计入旅行社固定资产。

4. 服务网点及分社建设需向政务服务中心办理设立登记手续，并向所在地的旅游行政管理部门备案。

5. 旅行社每设立一个经营国内旅游业务和入境旅游业务的分社，应当向其质量保证金账户增存 5 万元；每设立一个经营出境旅游业务的分社，应当向其质量保证金账户增存 30 万元；质量保证金计入其他应收款。

6. 服务网点开发费用 5 万元；分社开发费用 10 万元，分 2 个周期（周）投入，每个周期投入 5 万元。

2.2.2　业务类型及广告规则

旅行社可以承接地接业务、组团业务。其中地接业务包括国内游客、入境游客的本地游服务，组团业务包括本地游客国内、出境旅游服务。

各旅行社需要分别向不同区域游客投放广告，方能争取相关游客，具体投放方法如表 2-3 所示。

表 2-3　旅行社广告投放表　　　　　　　　　　　　　　　　　单位：元

周次	旅行社	本地游客 （国内游）	国内游客 （本地游）	入境游客 （本地游）	本地游客 （出境游）
第×周	旅行社本部				
	服务网点 1		—	—	—
	服务网点 2		—	—	—
	分社 1		—	—	—
	分社 2		—	—	—
合计					

注：1. 旅行社根据在某区域、某种类型游客上投入广告数量多少依次选单。

2. 如果广告相同，则比较旅行社（服务网点或分社）广告投入量之和的多少依次选单。

3. 广告投放最小单位为 100 元。

4. 模拟订单示例如图 2-1 所示。

5. 表内横线部分表示无此项工作。

```
本地游：地接社服务

客户人数：20

客户要求：豪华、QMS、5A
```

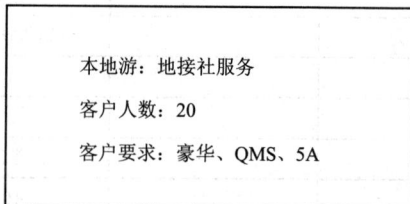

图 2-1　模拟订单示意图

2.2.3 报价及结算规则

旅行社对外报价及结算如表 2–4 所示。

表 2–4 旅行社报价及结算价格单

	交通/（元/天·人）	住宿/（元/天·人）	景区门票/（元/天·人）	行程天数/天		签证/（元/人）	报价/（元/人）		备注
				标准	豪华		标准	豪华	
国内游产品	300	300	200	5	7	—	4 000	5 600	组团服务
本地游产品（国内游客）	100	200	200	3	5	—	1 500	2 500	地接服务
本地游产品（入境游客）	200	500	200	5	7	—	4 500	6 300	地接服务
出境游产品	400	450	150	7	10	100	7 000	10 000	组团服务

注：1. 上述价格是旅行社对外产品报价的基础，同时也是本旅行社与第二方地接社、第二方组团社、第三方供应商直接结算的基础价格。

2. 地接业务结算：旅行社收到第二方组团社的80%款项（见表1–1第12项工作），同时，旅行社需支付第三方供应商60%的款项（见表1–1第13项工作）。

3. 组团业务结算：旅行社收到游客支付的100%全款（见表1–1第16项工作），同时，旅行社需支付第二方地接社80%的款项（见表1–1第17项工作）。

4. 如果旅行社与第三方供应商之间提前1周预订相关服务，可以获得5折价格的优惠，预订人数少于实际人数，实际超出的人数仍按6折结算，预订人数大于实际人数，则预订超出部分的定金不退，订金标准为500元/人。

① 旅行社预订40人，实际人数为50人，那么结算时40人按5折计算，实际超出的10人仍按6折计算。

② 旅行社预订40人，实际人数为30人，那么结算时按5折价格结算，但预订超出的10人预定金（500×10＝5 000元）不退。

5. 签证费100元/人，由旅行社承担。

6. 旅行社可以根据需要进行拼团（相同路线），标准团人数不能超过40人（含40人），豪华团不能超过30人（含30人）。

2.2.4 旅行社等级审核及评定

旅行社等级分 3A、4A、5A 三种，在模拟旅行社经营管理过程中，可以进行等级的提升，提升等级需提出申请并进行评定；评定采取核分制，核分规则如表 2–5 所示。

表 2–5 旅行社等级核分规则

序号	评定要素	数量统计	分值标准	分值核定
1	申报当周销售收入/元		销售收入/10 000	
2	海外领队/人		3分/人	
3	全职导游/人		2分/人	
4	本周销售广告/元		广告额/10 000	
5	分社/个		10分/个	
6	服务网点/个		5分/个	

续表

序号	评定要素	数量统计	分值标准	分值核定
7	交存质量保证金/元		保证金/100 000	
8	旅行社责任保险/元		保险金/10 000	
9	本部出境业务资质		10 分	
10	QMS 认证		10 分	
11	无处罚情况	必备要素		
12	合 计			

注：1. 每次申报需交纳 5 000 元评审费。

2. 从3A级申报4A级资质的旅行社中，排名前两位的可获得晋级。

3. 申请5A级旅行社必须经过QMS认证之后方能进行，且至少有两家旅行社提出5A级申请方进行评审，每次只有排名第一的旅行社方能获得晋级。

2.2.5 导游员招聘、辞退、薪酬管理规则

导游员包括海外领队（出境游）、全职导游员（地接社工作、本地游）、兼职导游员。导游员管理相关费用如表2–6所示。

表 2–6 导游员管理过程费用表

	海外领队	全职导游员	兼职导游员
招聘费用/（元/次）	2 000	1 000	200
辞退补偿金/（元/人）	2 000	1 600	—
基本工资/（元/月）	2 000	1 600	—
出团补助/（元/日）	300	150	150
工作范畴	无限制	可做出、入境导游服务之外的导游服务	只能做本地游导游服务

注：1. 导游员由旅行社本部统一管理，导游员实行5天工作制或倒休制，每月休假不能少于6天。

2. 导游员录用不足1个月的，按实际录用周数按比例发放基本工资，如某海外领队在当月录用3周，其基本工资按3/4×2 000＝1 500元发放。

3. 辞退导游员时，需结清当月工资，并交付1个月工资作为补偿金。

2.2.6 新业务资质申请、换证

根据业务需要，旅行社可以申请出境旅游业务资质。申请经营出境旅游业务的旅行社，应当增存质量保证金120万元，计入其他应收款。申请新业务资质周期为1周，即本周申请，下周可用。

2.2.7 其他规则

1. 处罚

各旅行社接单后，如果由于导游员不足而不能安排出游，按照订单中规定的天数，按每

位游客 100 元/天的标准赔偿游客精神损失，并且 2 周内不得提出评级申请。每位导游员每月休假少于 6 天的旅行社，如出现违规现象，则按 2 000 元/人进行处罚。

2. 融资

旅行社的贷款额度为上一月度末所有者权益的 3 倍。每周可以贷款，贷款以万元为基本单位，按月度还本付息，贷款利息为 5%/月。

3. 质量管理体系认证

企业进行质量管理体系（QMS）认证，认证周期为 3 周，每周交纳 1 万元费用，共计 3 万元。

4. 管理人员工资

管理人员工资如表 2-7 所示。

表 2-7　管理人员工资表

	总经理	财务经理	营销经理	人事经理	计调经理	采购经理	质量管理经理
工资/（元/月）	8 000	4 000	6 000	4 000	6 000	4 000	4 000

5. 旅行社责任保险

旅行社需按要求投保责任保险，责任保险按年交纳；发生业务经营变化需增交责任保险金。

（1）无出境游经营资格的旅行社的保险说明表如表 2-8 所示。

表 2-8　无出境游经营资格的旅行社保险说明表

序号	每次事故责任限额/万元	全年累计责任限额/万元	基本险基础保险费/万元
1	200	400	0.8

（2）有出境游经营资格的旅行社的保险说明表如表 2-9 所示。

表 2-9　有出境游经营资格的旅行社保险说明表

序号	每次事故责任限额/万元	全年累计责任限额/万元	基本险基础保险费/万元
1	400	600	2

6. 利息收入

旅行社交纳的质量保证金，银行按月给予 3%的利息收入。

第3章

模拟旅行社自主经营管理

经过第 2 章的"岗前培训"（模拟经营规则的学习），相信大家都能顺利"上岗"了吧！相信此时很多学员都摩拳擦掌，准备大显身手、大干一场了。在这里，还是要提醒大家，你们已经是"准员工""职业经理人"了，职场的规矩、职场的职业道德还是要慢慢体会、慢慢树立、慢慢养成。例如，开会要做好会议记录、经营要有规划和预算、管理要有记录（留存）、计划要有执行、经营结束要做好工作总结、期末要有述职、经营要有诚信、管理要有担当。正所谓"战略决定未来，细节决定成败"，既要有决策，也要有执行。

相信通过本课程的学习和培训，无论对大家的就业还是创业都将具有重要价值。

大家准备好了吗？接下来旅行社就要交给各位了，希望大家尽心尽力，在为客户提供高品质服务的同时，把旅行社经营好、管理好，努力做大做强吧！

3.1 旅行社经营管理团队组建

学员们，经营管理一个组织，最重要的资源就是"人力资源"，而人力资源中，"管理团队"又是其中核心的资源。"团队"从字面上的意思就是团结起来的队伍。要把旅行社很好地经营下去，势必需要一个凝聚力很强、具有高度团队精神的经营团队。

总经理是整个旅行社的最高领导，总经理个人的行为、举止无时无刻不对整个旅行社的运作前景有很大的影响。提升一个团队绩效的最有效方法是在彼此合作的基础上，让团队里每一位成员都发挥其最大的作用，这也是总经理最重要的职责之一。

什么是团队管理？举个简单的例子：如果有一车沙从大厦顶上倒下来，对地面的冲击是不太大的，如果把一整车已凝固成整块的混凝土从大厦上倒下来，其结果就大不一样。团队管理就是把一车散沙变成已凝固成整块的混凝土，将一个个独立的团队成员凝聚成一个坚强有力的团体，从而能够顺利完成项目的既定目标。沙土需要搭配石头、钢筋和水泥等才能形成混凝土，在团队建设中同样如此。每个成员的知识结构、技术技能、工作经验和年龄性别按比例配置，合理互补，构成了这个团队的基本要素。

组建团队一般要具有以下八个基本特征。

（1）明确的目标：团队成员清楚地了解所要达到的目标，以及目标所包含的重大现实意义。

（2）相关的技能：团队成员具备实现目标所需要的基本技能，并能够良好合作。

（3）相互间信任：每个人对团队内其他成员的品行和能力都确信不疑。

（4）共同的诺言：这是团队成员对完成目标的奉献精神。

（5）良好的沟通：团队成员间拥有畅通的信息交流。

（6）谈判的技能：高效团队的内部成员间角色是经常发生变化的，这要求团队成员具有较强的谈判技能。

（7）公认的领导：高效团队的领导往往担任的是教练或后盾的角色，他们为团队提供指导和支持，而不是试图控制下属。

（8）内部与外部的支持：既包括内部合理的基础结构，也包括外部给予的必要的资源条件。

3.1.1 旅行社管理岗位选聘

接下来，请大家根据旅行社经营管理团队的需要，选出自己的总经理，并在总经理领导下聘任相关岗位的管理者吧。请大家组织管理团队，根据岗位管理职责，分配相关职位。

1. 总经理：＿＿＿＿＿＿＿＿

就职宣言：＿＿＿＿＿＿＿＿＿＿＿＿＿＿＿＿＿＿＿＿＿＿＿＿＿＿＿＿＿＿＿＿＿＿

＿＿

2. 计调部经理：＿＿＿＿＿＿＿＿

就职宣言：＿＿＿＿＿＿＿＿＿＿＿＿＿＿＿＿＿＿＿＿＿＿＿＿＿＿＿＿＿＿＿＿＿＿

＿＿

3. 财务部经理：＿＿＿＿＿＿＿＿

就职宣言：＿＿＿＿＿＿＿＿＿＿＿＿＿＿＿＿＿＿＿＿＿＿＿＿＿＿＿＿＿＿＿＿＿＿

＿＿

4. 采购部经理：＿＿＿＿＿＿＿＿

就职宣言：＿＿＿＿＿＿＿＿＿＿＿＿＿＿＿＿＿＿＿＿＿＿＿＿＿＿＿＿＿＿＿＿＿＿

＿＿

5. 营销策划部经理：＿＿＿＿＿＿＿＿

就职宣言：＿＿＿＿＿＿＿＿＿＿＿＿＿＿＿＿＿＿＿＿＿＿＿＿＿＿＿＿＿＿＿＿＿＿

＿＿

6. 人事行政部经理：＿＿＿＿＿＿＿＿

就职宣言：＿＿＿＿＿＿＿＿＿＿＿＿＿＿＿＿＿＿＿＿＿＿＿＿＿＿＿＿＿＿＿＿＿＿

＿＿

7. 质量部经理：＿＿＿＿＿＿＿

就职宣言：＿＿＿＿＿＿＿＿＿＿＿＿＿＿＿＿＿＿＿＿＿＿＿＿＿＿＿＿

＿＿＿＿＿＿＿＿＿＿＿＿＿＿＿＿＿＿＿＿＿＿＿＿＿＿＿＿＿＿＿＿＿＿＿

＿＿＿＿＿＿＿＿＿＿＿＿＿＿＿＿＿＿＿＿＿＿＿＿＿＿＿＿＿＿＿＿＿＿＿

3.1.2 旅行社企业管理文化

目前，模拟经营旅行社已经具有一定的经营管理基础。然而，随着新的发展形势的需要，旅行社老的管理层希望即将接任的新管理层对旅行社的经营管理进行改善提升，首先要从旅行社的管理文化上做出一定的革新，请团队成员做出新的安排。

1. 旅行社新名称：＿＿＿＿＿＿＿＿＿＿＿＿＿＿＿＿＿＿＿＿＿＿＿＿＿＿

小提示：目前国内著名的旅行社有中国旅行社总社、中国国旅、中国康辉旅行社、中青旅、锦江旅行社、春秋旅行社、广之旅、中信旅行社、南湖国旅、中妇旅等，这些可供大家借鉴。

2. 旅行社新 logo：

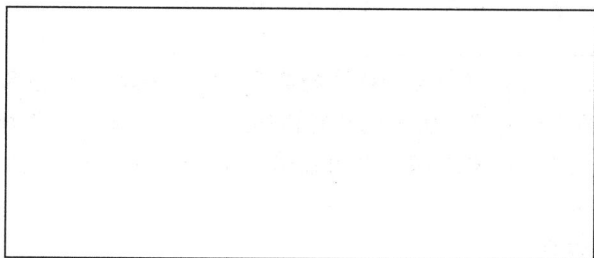

小提示：以下著名旅行社的 logo 供大家参考。

3. 旅行社经营愿景：＿＿＿＿＿＿＿＿＿＿＿＿＿＿＿＿＿＿＿＿＿＿＿＿

小提示：企业愿景体现了企业家的立场和信仰，是企业最高管理者头脑中的一种概念，是这些最高管理者对企业未来的设想，是对"我们代表什么""我们希望成为怎样的企业？"的持久性回答和承诺。我们看看部分旅游企业的愿景是怎样的："成为行业领先的大型旅游运营商"是中国康辉的企业愿景；海外旅业集团的愿景是"将旅游百事通打造成中国领先的旅游O2O平台，真正实现想旅游，到旅游百事通的目标"；中国港中旅集团公司的企业愿景是"中国第一、亚洲第一、世界前五"。

4. 经营理念：_____

小提示：经营理念，是管理者追求企业绩效的根据，是对顾客、竞争者及职工价值观与正确经营行为的确认，然后在此基础上形成企业基本设想与科技优势、发展方向、共同信念和企业追求的经营目标。江苏景尚旅业集团股份有限公司的经营理念是"全员营销，立即行动，敢于创新，重视细节"；"高质量的服务、高素质的员工、高水平的旅游"是中国康辉的经营宗旨，"让合作者放心，让旅游者满意"是中国康辉的经营理念。

5. 员工关系：_____

小提示：员工关系是指劳资双方的关系。员工关系会对企业的发展潜力产生强烈的影响，这种关系取决于不同的社会环境及管理者对员工的基本看法。江苏景尚旅业集团股份有限公司的员工关系——企业心里想着员工，员工心里想着客户。

6. 服务理念：_____

小提示：中国国旅的服务理念为"优秀的品质保证，严格的服务品质保证，个性化的产品设计，合理化的市场价格定位，现代化的运作模式"；上海锦华旅行社的服务宗旨为"奉献给客户最佳品质价格比"；盐城康辉旅行社服务宗旨为"为您倾情创造一片放飞心情的旅游天地"。

7. 其他特色文化内容：_____

_____

3.2　旅行社自主经营管理（第一月）

第一月的经营对于学员来讲都是陌生的，因此教师作为"董事长"会带领大家模拟经营一个月，这个过程也是对"准员工"的工作技能培训，希望大家尽快熟悉岗位工作内容，掌握岗位工作技巧，尽快实现独立工作。

同时，学员要学会团队合作，加强沟通，做好旅行社发展规划及各自工作计划。大家要按照岗位要求，尝试做好预算管理、核心能力塑造工作。

请大家不要害怕错误，沙盘模拟的学习正是希望大家在对失误的不断反思中成长、进步。

请大家能够独立思考，合作分析，提出问题，寻找解决问题的方案，不要寄希望于从教师处寻得答案。

请大家努力理论联系实际（沙盘），把我们学过的管理理论应用到分析、管理和决策的过程中来。

3.2.1　旅行社月度工作计划（总经理）

"凡事预则立，不预则废"。因此制订工作计划是总经理的最重要的工作之一。每月初由总经理召集各部门经理进行月度例会，商讨旅行社管理各方面事宜。工作计划也是总经理控制、考核各部门工作绩效的重要依据，为加强工作管理，请大家做好会议记录。

1. 财务部计划：_____

_____

_____

2. 人事行政部计划：_____

_____

_____

3. 计调部计划：_____

_____

_____

4. 营销策划部计划：_____

_____

_____

5. 采购部计划：_____

_____

_____

6. 质量部计划：_____

_____

_____

　　尊敬的管理团队成员们，在旅行社管理工作中，要学会按照 PDCA 循环的工作方式展开，即要有计划（plan）、实施（do）、检查（check）和处理（action）。同时，要做好过程管理，加强资料整理，充分掌握"决策要建立在数据分析的基础上"的工作理念。

　　每月旅行社经营管理模拟过程中为各个岗位的管理人员提供了大量的过程记录表，希望大家能够利用好，同时也希望大家能够根据自己的需要制作各种管理表格，以更好地提高工作效率，提升工作质量。

3.2.2　旅行社经营管理模拟过程（第一月）

　　经营过程中，工作人员要做好工作记录，将相关信息与数据填写到表 3-1 中。

表 3-1　第一月模拟经营管理过程记录

日期	工作顺序	工 作 内 容	第一周	第二周	第三周	第四周
月初工作	1	月度工作计划				
	2	支付管理人员工资				
	3	现金盘点				
周一	1	周工作计划会议				
	2	旅行社责任保险投保、续保				
	3	借款、还本付息（质量保证金利息收入）				
	4	相关旅游线路服务推进				

日期	工作顺序	工 作 内 容	第一周	第二周	第三周	第四周
周一	5	分社、网点建设（建设费、质量保证金）				
	6	新业务资质建设（出境游质量保证金）				
周二	7	相关旅游线路服务推进				
	8	导游员招聘、辞退				
	9	销售广告投放				
	10	业务接待、咨询				
	11	接团、组团工作计划安排				
	12	与第二方组团社洽谈、结算				
	13	与第三方供应商洽谈、结算				
周三	14	相关旅游线路服务推进				
	15	本地游（地接服务）发团				
	16	组团游游客团费入账（100%）				
	17	与第二方地接社业务洽谈（缴纳团费80%）				
周四	18	相关旅游线路服务推进				
	19	国内游（组团业务）发团				
	20	旅行社等级申请、审核及评定				
	21	出境游办理签证				
周五	22	相关旅游线路服务推进				
	23	出境游（组团业务）发团				
	24	预定下周交通、住宿、景区等服务				
	25	旅行社QMS认证				
	26	现金盘点、对账				
	27	周工作总结				
周六	28	相关旅游线路服务推进				
周日	29	相关旅游线路服务推进				
月末工作	1	交费（服务网点、分社及旅行社本部租金及管理费）				
	2	支付导游员工资				
	3	财务结账				
	4	管理层总结、述职				

策划部经理每周填写广告投放情况及销售业绩情况，分别如表3-2、表3-3所示。

表 3–2　销售广告投放

组号：　　　　　　　　　　　　　　　　　　　　　　　　　　　　　单位：元

周次	旅行社	本地游客（国内游）	国内游客（本地游）	入境游客（本地游）	本地游客（出境游）
第一周	旅行社本部				—
	服务网点1	—	—	—	—
	服务网点2	—	—	—	—
	分社1	—			—
	分社2	—			—
第二周	旅行社本部				
	服务网点1		—	—	—
	服务网点2		—	—	—
	分社1	—			—
	分社2	—			—
第三周	旅行社本部				
	服务网点1		—	—	—
	服务网点2		—	—	—
	分社1			—	—
	分社2			—	—
第四周	旅行社本部				
	服务网点1		—	—	—
	服务网点2		—	—	—
	分社1			—	—
	分社2		—	—	—

表 3–3　每周销售业绩统计

单位：人次

周次	旅行社	本地游客（国内游）	国内游客（本地游）	入境游客（本地游）	本地游客（出境游）
第一周	旅行社本部				—
	服务网点1	—	—	—	—
	服务网点2	—	—		—
	分社1		—	—	—
	分社2	—			—
	合计				
第二周	旅行社本部				
	服务网点1				
	服务网点2				
	分社1				
	分社2	—			—
	合计				

周次	旅行社	本地游客（国内游）	国内游客（本地游）	入境游客（本地游）	本地游客（出境游）
第三周	旅行社本部				
	服务网点 1		—	—	—
	服务网点 2		—	—	—
	分社 1		—	—	—
	分社 2		—	—	—
合计					
第四周	旅行社本部				
	服务网点 1		—	—	—
	服务网点 2		—	—	—
	分社 1		—	—	—
	分社 2		—	—	—
合计					

计调部经理及人事行政部经理每周要做好导游员工作记录，合理安排导游工作，同时了解导游人员任职工作情况，记录如表 3-4 所示。

表 3-4　导游员管理工作记录

人员	第一周				第二周				第三周				第四周			
	招聘/人	辞退/人	出差/天	休假/天	招聘/人	辞退/人	出差/天	休假/天	招聘/人	辞退/人	出差/天	休假/天	招聘/人	辞退/人	出差/天	休假/天
领队 1																
领队 2																
领队 3																
领队 4																
领队 5																
领队 6																
领队 7																
领队 8																
全导 1																
全导 2																
全导 3																
全导 4																
全导 5																

人员	第一周				第二周				第三周				第四周			
	招聘/人	辞退/人	出差/天	休假/天	招聘/人	辞退/人	出差/天	休假/天	招聘/人	辞退/人	出差/天	休假/天	招聘/人	辞退/人	出差/天	休假/天
全导6																
全导7																
兼导1																
兼导2																
兼导3																
合计																

在经营管理过程中，旅行社如需提升管理资质，需提出申请并填写表3-5所示的资质申请表。

表3-5　旅行社资质申请表

组号：_____　申请资质：_____

序号	评定要素	数量统计	分值标准	分值核定
1	申报当周销售收入/元		销售收入/10 000	
2	海外领队/人		3分/人	
3	全职导游/人		2分/人	
4	本周销售广告/元		广告额/10 000	
5	分社/个		10分/个	
6	服务网点/个		5分/个	
7	交存质量保证金/元		保证金/100 000	
8	旅行社责任保险/元		保险金/10 000	
9	本部出境游业务资质		10分	
10	QMS认证		10分	
11	无处罚情况		必备要素	
12	合　计			

评审意见：通过　/　不通过

指导教师签字：_____

日期：_____

每月末，财务经理要进行财务报表制定工作，分别完成综合费用明细表、利润表、资产负债表，分别如表3-6、表3-7、表3-8所示。

表 3-6　综合费用明细表

单位：万元

项　　目	金　　额	备　　注
管理人员工资		
广告费		
管理维护费		
租金		
招聘及辞退费（补偿金）		
QMS 认证费		
旅行社等级资质费		
责任保险金		
罚金		
其他		
合计		

表 3-7　利润表

单位：万元

项　　目	期初数	期末数
销售收入		
直接成本（含导游员工资、补贴；支付的第二方、第三方等费用）		
毛利		
综合费用		
支付利息前利润		
利息收入		
利息支出		
税前利润		
月度所得税		
月度净利		

表 3-8　资产负债表

单位：万元

资　　产	期初数	期末数	负债和所有者权益	期初数	期末数
流动资产			负债		
现金			短期借款		
其他应收款（保证金）			应交税金		
预付定金					
流动资产合计			负债合计		

资　产	期初数	期末数	负债和所有者权益	期初数	期末数
固定资产			所有者权益		
旅行社本部			股东资本		
服务网点			利润留存		
分社			年度净利		
固定资产合计			所有者权益合计		
资产合计			负债和所有者权益合计		

3.2.3　管理层月度总结与述职

各位管理者，一个月度的紧张工作结束了，请大家放松一下，好好总结一下过去一个月度的工作吧。建议大家从工作态度、工作收获、工作不足、改进措施等几个方面做一下梳理，为下一月度工作打下良好的基础。

述职总结部门：＿＿＿＿＿＿＿＿

总结报告：＿＿＿＿＿＿＿＿＿＿＿＿＿＿＿＿＿＿＿＿＿＿＿＿＿＿＿＿＿＿＿＿

＿＿＿＿＿＿＿＿＿＿＿＿＿＿＿＿＿＿＿＿＿＿＿＿＿＿＿＿＿＿＿＿＿＿＿＿＿

＿＿＿＿＿＿＿＿＿＿＿＿＿＿＿＿＿＿＿＿＿＿＿＿＿＿＿＿＿＿＿＿＿＿＿＿＿

＿＿＿＿＿＿＿＿＿＿＿＿＿＿＿＿＿＿＿＿＿＿＿＿＿＿＿＿＿＿＿＿＿＿＿＿＿

＿＿＿＿＿＿＿＿＿＿＿＿＿＿＿＿＿＿＿＿＿＿＿＿＿＿＿＿＿＿＿＿＿＿＿＿＿

＿＿＿＿＿＿＿＿＿＿＿＿＿＿＿＿＿＿＿＿＿＿＿＿＿＿＿＿＿＿＿＿＿＿＿＿＿

＿＿＿＿＿＿＿＿＿＿＿＿＿＿＿＿＿＿＿＿＿＿＿＿＿＿＿＿＿＿＿＿＿＿＿＿＿

＿＿＿＿＿＿＿＿＿＿＿＿＿＿＿＿＿＿＿＿＿＿＿＿＿＿＿＿＿＿＿＿＿＿＿＿＿

＿＿＿＿＿＿＿＿＿＿＿＿＿＿＿＿＿＿＿＿＿＿＿＿＿＿＿＿＿＿＿＿＿＿＿＿＿

＿＿＿＿＿＿＿＿＿＿＿＿＿＿＿＿＿＿＿＿＿＿＿＿＿＿＿＿＿＿＿＿＿＿＿＿＿

总经理审阅签字：＿＿＿＿＿＿＿＿　日期：＿＿＿＿＿＿＿＿

总经理审核所有部门的报告后，请组织大家开会交流，进行月度述职，如有不称职的管理层，总经理与人力资源经理协商后，可以进行职位调整。

3.3　旅行社自主经营管理（第二月）

经过一个月度的经营管理，大家一定遇到了很多问题和挑战，希望大家认真思考、解决，遇到困难不轻言放弃，做好管理担当。

此时，大家不再是一个"新员工"，你们已经成长为有一定工作经验的"老员工"，你们的角色意识应该发生变化。你们更要学会查找问题、定义问题、分析问题，提出解决问题的方案，为旅行社的发展做做出科学规划。

3.3.1　旅行社月度工作计划（总经理）

"凡事预则立，不预则废"。因此制订工作计划是总经理的最重要的工作之一。每月初由总经理召集各部门经理进行月度例会，商讨旅行社管理各方面事宜。工作计划也是总经理控制、考核各部门工作绩效的重要依据，为加强工作管理，请大家做好会议记录。

1. 财务部计划：_____

_____

_____

2. 人事行政部计划：_____

_____

_____

3. 计调部计划：_____

_____

_____

4. 营销策划部计划：_____

_____

_____

5. 采购部计划：_____

_____

_____

6. 质量部计划：_____

_____

_____

尊敬的管理团队成员们，过去一个月的经营管理中，大家有没有把所学的知识与旅行社经营管理有效地结合起来呢？如在经营中利用 SWOT 分析法、预算管理法、人力资源发展规划、广告投入产出分析等知识。能够做到理论联系实际，从"粗放管理"走向"精细化管理"，使管理决策从感性走向理性，坚持"持续改进"的发展理念，每一个月度我们都在成长、进步，这就是我们的目标。

还是提醒各位管理者，在旅行社管理工作中，要学会按照 PDCA 循环的工作方式展开，即要有计划（plan）、实施（do）、检查（check）和处理（action）。同时，要做好过程管理，加强资料整理，充分掌握"决策要建立在数据分析的基础上"的工作理念。

3.3.2　旅行社经营管理模拟过程（第二月）

经营过程中，工作人员要做好工作记录，将相关信息与数据填写到表 3-9 中。

表 3–9　第二月模拟经营管理过程记录

日期	工作顺序	工 作 内 容	第五周	第六周	第七周	第八周
月初工作	1	月度工作计划				
	2	支付管理人员工资				
	3	现金盘点				
周一	1	周工作计划会议				
	2	旅行社责任保险投保、续保				
	3	借款、还本付息（质量保证金利息收入）				
	4	相关旅游线路服务推进				
	5	分社、网点建设（建设费、质量保证金）				
	6	新业务资质建设（出境游质量保证金）				
周二	7	相关旅游线路服务推进				
	8	导游员招聘、辞退				
	9	销售广告投放				
	10	业务接待、咨询				
	11	接团、组团工作计划安排				
	12	与第二方组团社洽谈、结算				
	13	与第三方供应商洽谈、结算				
周三	14	相关旅游线路服务推进				
	15	本地游（地接服务）发团				
	16	组团游客团费入账（100%）				
	17	与第二方地接社业务洽谈（缴纳团费80%）				
周四	18	相关旅游线路服务推进				
	19	国内游（组团业务）发团				
	20	旅行社等级申请、审核及评定				
	21	出境游办理签证				
周五	22	相关旅游线路服务推进				
	23	出境游（组团业务）发团				
	24	预定下周交通、住宿、景区等服务				
	25	旅行社 QMS 认证				
	26	现金盘点、对账				
	27	周工作总结				
周六	28	相关旅游线路服务推进				

续表

日期	序号	工 作 内 容	第五周	第六周	第七周	第八周
周日	29	相关旅游线路服务推进				
月末工作	1	交费（服务网点、分社及旅行社本部租金及管理费）				
	2	支付导游员工资				
	3	财务结账				
	4	管理层总结、述职				

策划部经理每周填写广告投放情况及销售业绩情况，分别如表 3–10、表 3–11 所示。

表 3–10　销售广告投放

组号：　　　　　　　　　　　　　　　　　　　　　　　　　　　　　　　　　　　单位：元

周次	旅行社	本地游客（国内游）	国内游客（本地游）	入境游客（本地游）	本地游客（出境游）
第五周	旅行社本部				
	服务网点1		—	—	—
	服务网点2		—	—	—
	分社1		—		—
	分社2		—		—
第六周	旅行社本部				
	服务网点1		—	—	—
	服务网点2		—	—	—
	分社1		—		—
	分社2		—		—
第七周	旅行社本部				
	服务网点1		—	—	—
	服务网点2		—	—	—
	分社1		—		—
	分社2		—		—
第八周	旅行社本部				
	服务网点1		—	—	—
	服务网点2		—	—	—
	分社1		—		—
	分社2		—		—

表 3–11　每周销售业绩统计

单位：人次

周次	旅行社	本地游客（国内游）	国内游客（本地游）	入境游客（本地游）	本地游客（出境游）
第五周	旅行社本部				
	服务网点1		—		—

续表

周次	旅行社	本地游客 （国内游）	国内游客 （本地游）	入境游客 （本地游）	本地游客 （出境游）
第五周	服务网点2		—	—	—
	分社1		—	—	—
	分社2		—	—	—
合计					
第六周	旅行社本部				
	服务网点1		—	—	—
	服务网点2		—	—	—
	分社1		—	—	—
	分社2		—	—	—
合计					
第七周	旅行社本部				
	服务网点1		—	—	—
	服务网点2		—	—	—
	分社1		—	—	—
	分社2		—	—	—
合计					
第八周	旅行社本部				
	服务网点1		—	—	—
	服务网点2		—	—	—
	分社1		—	—	—
	分社2		—	—	—
合计					

　　计调部经理及人事行政部经理每周要做好导游员工作记录，合理安排导游工作，同时做好导游人员任职工作情况，记录如表3-12所示。

表3-12　导游员管理工作记录

人员	第五周				第六周				第七周				第八周			
	招聘/人	辞退/人	出差/天	休假/天	招聘/人	辞退/人	出差/天	休假/天	招聘/人	辞退/人	出差/天	休假/天	招聘/人	辞退/人	出差/天	休假/天
领队1																
领队2																
领队3																

人员	第五周				第六周				第七周				第八周			
	招聘/人	辞退/人	出差/天	休假/天	招聘/人	辞退/人	出差/天	休假/天	招聘/人	辞退/人	出差/天	休假/天	招聘/人	辞退/人	出差/天	休假/天
领队 4																
领队 5																
领队 6																
领队 7																
领队 8																
全导 1																
全导 2																
全导 3																
全导 4																
全导 5																
全导 6																
全导 7																
兼导 1																
兼导 2																
兼导 3																
合计																

在经营管理过程中，旅行社如需提升管理资质，需提出申请并填写表 3-13 所示的资质申请表。

表 3-13　旅行社资质申请表

组号：_____　申请资质：_____

序号	评定要素	数量统计	分值标准	分值核定
1	申报当周销售收入/元		销售收入/10 000	
2	海外领队/人		3 分/人	
3	全职导游/人		2 分/人	
4	本周销售广告/元		广告额/10 000	
5	分社/个		10 分/个	
6	服务网点/个		5 分/个	
7	交存质量保证金/元		保证金/100 000	
8	旅行社责任保险/元		保险金/10 000	
9	本部出境游业务资质		10 分	
10	QMS 认证		10 分	

续表

序号	评定要素	数量统计	分值标准	分值核定
11	无处罚情况	必备要素		
12		合　计		

评审意见：通过 / 不通过

指导教师签字：_____

日期：_____

每月末，财务经理要进行财务报表制定工作，分别完成综合费用明细表、利润表、资产负债表，分别如表3-14、表3-15、表3-16所示。

表 3-14　综合费用明细表

单位：万元

项　目	金　额	备　注
管理人员工资		
广告费		
管理维护费		
租金		
招聘及辞退费（补偿金）		
QMS 认证费		
旅行社等级资质费		
责任保险金		
罚金		
其他		
合计		

表 3-15　利润表

单位：万元

项　目	期初数	期末数
销售收入		
直接成本（含导游员工资、补贴；支付的第二方、第三方等费用）		
毛利		
综合费用		
支付利息前利润		
利息收入		
利息支出		
税前利润		
月度所得税		
月度净利		

表 3–16　资产负债表

单位：万元

资产	期初数	期末数	负债和所有者权益	期初数	期末数
流动资产			负债		
现金			短期借款		
其他应收款（保证金）			应交税金		
预付定金					
流动资产合计			负债合计		
固定资产			所有者权益		
旅行社本部			股东资本		
服务网点			利润留存		
分社			年度净利		
固定资产合计			所有者权益合计		
资产合计			负债和所有者权益合计		

3.3.3　管理层月度总结与述职

各位管理者，又一个月的紧张工作结束了，请大家放松一下，好好总结一下过去一个月度的工作吧。建议大家从工作态度、工作收获、工作不足、改进措施等几个方面做一下梳理，为下一个月度工作打下良好的基础。

述职总结部门：＿＿＿＿＿＿＿＿

总结报告：＿＿＿＿＿＿＿＿＿＿＿＿＿＿＿＿＿＿＿＿＿＿＿＿＿＿＿＿＿＿＿＿＿＿＿＿＿＿

＿＿＿

＿＿＿

＿＿＿

＿＿＿

＿＿＿

＿＿＿

＿＿＿

＿＿＿

总经理审阅签字：＿＿＿＿＿＿＿＿　　日期：＿＿＿＿＿＿＿＿

总经理审核所有部门的报告后，请组织大家开会交流、进行月度述职，如有不称职的管理层，总经理与人力资源经理协商后，可以进行职位调整。

3.4　旅行社自主经营管理（第三月）

相信经营过程中的喜怒哀乐一直伴随大家，还记得我们宣传旅行社时的豪言壮语、万丈雄心吧。希望大家能够一如既往，不忘"初心"，为团队的目标、旅行社的未来不懈努力！

当然，除了团队内部的分享外，大家也要关注竞争对手、学习竞争对手、模仿竞争对手，取人之长，补己之短，我们才能变得更加优秀。要学会把别人的失败变成自己的经验、教训，这是"成本"最小的成长路径。

3.4.1　旅行社月度工作计划（总经理）

"凡事预则立，不预则废"。因此制订工作计划是总经理的最重要的工作之一。每月初由总经理召集各部门经理进行月度例会，商讨旅行社管理各方面事宜。工作计划也是总经理控制、考核各部门工作绩效的重要依据，为加强工作管理，请大家做好会议记录。

1. 财务部计划：＿＿＿＿＿＿＿＿＿＿＿＿＿＿＿＿＿＿＿＿＿＿＿＿＿＿＿＿
＿＿＿＿＿＿＿＿＿＿＿＿＿＿＿＿＿＿＿＿＿＿＿＿＿＿＿＿＿＿＿＿＿＿＿＿

2. 人事行政部计划：＿＿＿＿＿＿＿＿＿＿＿＿＿＿＿＿＿＿＿＿＿＿＿＿
＿＿＿＿＿＿＿＿＿＿＿＿＿＿＿＿＿＿＿＿＿＿＿＿＿＿＿＿＿＿＿＿＿＿＿＿

3. 计调部计划：＿＿＿＿＿＿＿＿＿＿＿＿＿＿＿＿＿＿＿＿＿＿＿＿＿＿＿
＿＿＿＿＿＿＿＿＿＿＿＿＿＿＿＿＿＿＿＿＿＿＿＿＿＿＿＿＿＿＿＿＿＿＿＿

4. 营销策划部计划：＿＿＿＿＿＿＿＿＿＿＿＿＿＿＿＿＿＿＿＿＿＿＿＿
＿＿＿＿＿＿＿＿＿＿＿＿＿＿＿＿＿＿＿＿＿＿＿＿＿＿＿＿＿＿＿＿＿＿＿＿

5. 采购部计划：＿＿＿＿＿＿＿＿＿＿＿＿＿＿＿＿＿＿＿＿＿＿＿＿＿＿＿
＿＿＿＿＿＿＿＿＿＿＿＿＿＿＿＿＿＿＿＿＿＿＿＿＿＿＿＿＿＿＿＿＿＿＿＿

6. 质量部计划：＿＿＿＿＿＿＿＿＿＿＿＿＿＿＿＿＿＿＿＿＿＿＿＿＿＿＿
＿＿＿＿＿＿＿＿＿＿＿＿＿＿＿＿＿＿＿＿＿＿＿＿＿＿＿＿＿＿＿＿＿＿＿＿

尊敬的管理团队成员们，经过几个周期的经营管理，相信大家已经变得更加成熟，而且大家已经是有经验、有资历的管理者了，我们的管理是不是也应该更加规范、成熟了呢？在坚持正确理念的指导下，希望大家一如既往能够加强基础管理，坚持持续改进，加强团队协作，不断扩大旅行社经营规模，进一步提高旅行社经营效益。

3.4.2　旅行社经营管理模拟过程（第三月）

经营过程中，工作人员要做好工作记录，将相关信息与数据填写到表 3-17 中。

表 3-17 第三月模拟经营管理过程记录

日期	工作顺序	工 作 内 容	第九周	第十周	第十一周	第十二周
月初工作	1	月度工作计划				
	2	支付管理人员工资				
	3	现金盘点				
周一	1	周工作计划会议				
	2	旅行社责任保险投保、续保				
	3	借款、还本付息（质量保证金利息收入）				
	4	相关旅游线路服务推进				
	5	分社、网点建设（建设费、质量保证金）				
	6	新业务资质建设（出境游质量保证金）				
周二	7	相关旅游线路服务推进				
	8	导游员招聘、辞退				
	9	销售广告投放				
	10	业务接待、咨询				
	11	接团、组团工作计划安排				
	12	与第二方组团社洽谈、结算				
	13	与第三方供应商洽谈、结算				
周三	14	相关旅游线路服务推进				
	15	本地游（地接服务）发团				
	16	组团游游客团费入账（100%）				
	17	与第二方地接社业务洽谈（缴纳团费80%）				
周四	18	相关旅游线路服务推进				
	19	国内游（组团业务）发团				
	20	旅行社等级申请、审核及评定				
	21	出境游办理签证				
周五	22	相关旅游线路服务推进				
	23	出境游（组团业务）发团				
	24	预定下周交通、住宿、景区等服务				
	25	旅行社 QMS 认证				
	26	现金盘点、对账				
	27	周工作总结				
周六	28	相关旅游线路服务推进				
周日	29	相关旅游线路服务推进				
月末工作	1	交费（服务网点、分社及旅行社本部租金及管理费）				
	2	支付导游员工资				
	3	财务结账				
	4	管理层总结、述职				

策划部经理每周填写广告投放情况及销售业绩情况，分别如表3–18、表3–19所示。

表3–18 销售广告投放

组号：　　　　　　　　　　　　　　　　　　　　　　　　　　　　　　　　　　　　　单位：元

周次	旅行社	本地游客（国内游）	国内游客（本地游）	入境游客（本地游）	本地游客（出境游）
第九周	旅行社本部				
	服务网点1		—	—	—
	服务网点2		—	—	—
	分社1		—	—	
	分社2		—	—	
第十周	旅行社本部				
	服务网点1		—	—	—
	服务网点2		—	—	—
	分社1		—	—	
	分社2		—	—	
第十一周	旅行社本部				
	服务网点1		—	—	—
	服务网点2		—	—	—
	分社1		—	—	
	分社2		—	—	
第十二周	旅行社本部				
	服务网点1		—	—	—
	服务网点2		—	—	—
	分社1		—	—	
	分社2		—	—	

表3–19 每周销售业绩统计

单位：人次

周次	旅行社	本地游客（国内游）	国内游客（本地游）	入境游客（本地游）	本地游客（出境游）
第九周	旅行社本部				
	服务网点1		—	—	—
	服务网点2		—	—	—
	分社1		—	—	
	分社2		—	—	
	合计				

周次	旅行社	本地游客（国内游）	国内游客（本地游）	入境游客（本地游）	本地游客（出境游）
第十周	旅行社本部				
	服务网点 1		—	—	—
	服务网点 2		—	—	—
	分社 1	—	—	—	—
	分社 2	—	—	—	—
合计					
第十一周	旅行社本部				
	服务网点 1		—	—	—
	服务网点 2		—	—	—
	分社 1	—	—	—	—
	分社 2	—	—	—	—
合计					
第十二周	旅行社本部				
	服务网点 1		—	—	—
	服务网点 2		—	—	—
	分社 1	—	—	—	—
	分社 2	—	—	—	—
合计					

　　计调部经理及人事行政部经理每周要做好导游员工作记录，合理安排导游工作，同时做好导游人员任职工作情况，记录如表 3-20 所示。

表 3-20　导游员管理工作记录

人员	第九周				第十周				第十一周				第十二周			
	招聘/人	辞退/人	出差/天	休假/天	招聘/人	辞退/人	出差/天	休假/天	招聘/人	辞退/人	出差/天	休假/天	招聘/人	辞退/人	出差/天	休假/天
领队 1																
领队 2																
领队 3																
领队 4																
领队 5																
领队 6																

续表

人员	第九周				第十周				第十一周				第十二周			
	招聘/人	辞退/人	出差/天	休假/天	招聘/人	辞退/人	出差/天	休假/天	招聘/人	辞退/人	出差/天	休假/天	招聘/人	辞退/人	出差/天	休假/天
领队7																
领队8																
全导1																
全导2																
全导3																
全导4																
全导5																
全导6																
全导7																
兼导1																
兼导2																
兼导3																
合计																

　　在经营管理过程中，旅行社如需提升管理资质，需提出申请并填写表 3–21 所示的资质申请表。

表 3–21　旅行社资质申请表

组号：＿＿＿＿＿＿　申请资质：＿＿＿＿＿＿

序号	评定要素	数量统计	分值标准	分值核定
1	申报当周销售收入/元		销售收入/10 000	
2	海外领队/人		3 分/人	
3	全职导游/人		2 分/人	
4	本周销售广告/元		广告额/10 000	
5	分社/个		10 分/个	
6	服务网点/个		5 分/个	
7	交存质量保证金/元		保证金/100 000	
8	旅行社责任保险/元		保险金/10 000	
9	本部出境游业务资质		10 分	
10	QMS 认证		10 分	
11	无处罚情况		必备要素	
12		合计		

评审意见：通过 / 不通过

指导教师签字：＿＿＿＿＿＿

日期：＿＿＿＿＿＿

每月末，财务经理要进行财务报表制定工作，分别完成综合费用明细表、利润表、资产负债表，分别如表3-22、表3-23、表3-24所示。

表3-22 综合费用明细表
单位：万元

项　目	金　额	备　注
管理人员工资		
广告费		
管理维护费		
租金		
招聘及辞退费（补偿金）		
QMS认证费		
旅行社等级资质费		
责任保险金		
罚金		
其他		
合计		

表3-23 利润表
单位：万元

项　目	期初数	期末数
销售收入		
直接成本（含导游员工资、补贴；支付的第二方、第三方等费用）		
毛利		
综合费用		
支付利息前利润		
利息收入		
利息支出		
税前利润		
月度所得税		
月度净利		

表3-24 资产负债表
单位：万元

资　产	期初数	期末数	负债和所有者权益	期初数	期末数
流动资产			负债		
现金			短期借款		
其他应收款（保证金）			应交税金		
预付定金					
流动资产合计			负债合计		
固定资产			所有者权益		
旅行社本部			股东资本		

资　产	期初数	期末数	负债和所有者权益	期初数	期末数
服务网点			利润留存		
分社			年度净利		
固定资产合计			所有者权益合计		
资产合计			负债和所有者权益合计		

3.4.3　管理层月度总结与述职

各位管理者，第三个月的紧张工作结束了，请大家放松一下，好好总结一下过去一个月度的工作吧。建议大家从工作态度、工作收获、工作不足、改进措施等几个方面做一下梳理，为下一个月度工作打下良好的基础。

述职总结部门：_____

总结报告：_____

_____

_____

_____

_____

_____

_____

_____

_____

_____

_____

_____

总经理审阅签字：_____　　日期：_____

总经理审核所有部门的报告后，请组织大家开会交流，进行月度述职，如有不称职的管理层，总经理与人力资源经理协商后，可以进行职位调整。

附录A

市 场 预 测

根据市场调研，未来各区域市场需求如图 A-1、图 A-2、图 A-3 所示。在初期时，客户对于价格有一定的敏感度（标准团），但随着经济收入的增长，游客对旅行社的资质要求（星级认证、QMS 认证等）与豪华出游需求会越来越高。

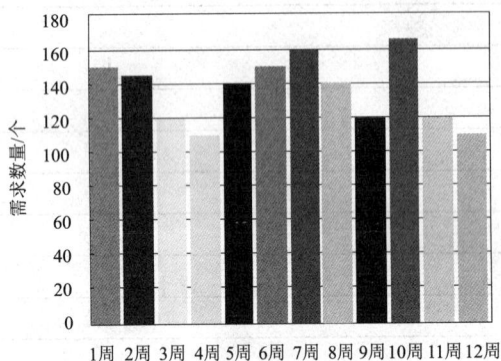

（a）本地游客国内游

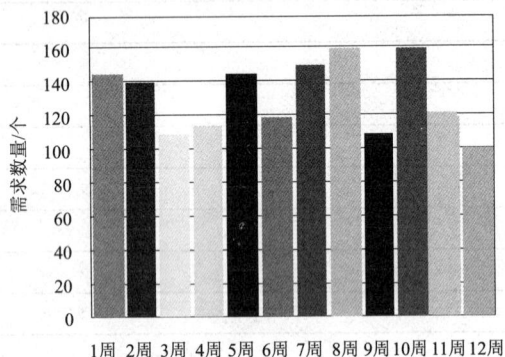

（b）国内游客本地游

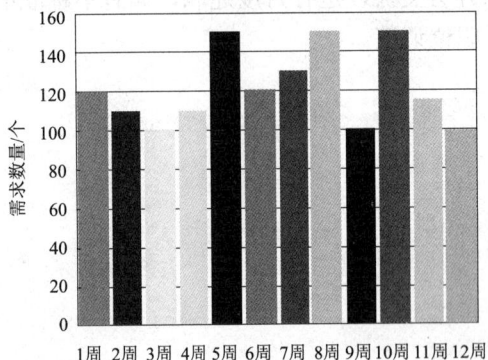

（c）入境游客本地游

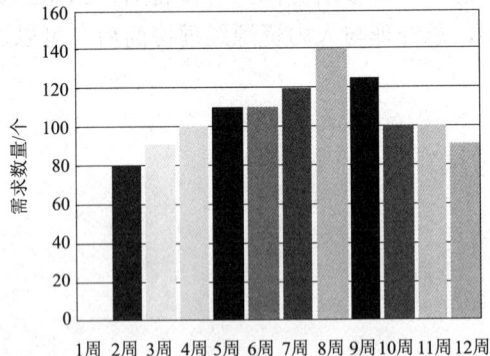

（d）本地游客出境游

图 A-1　旅行社本部市场调研

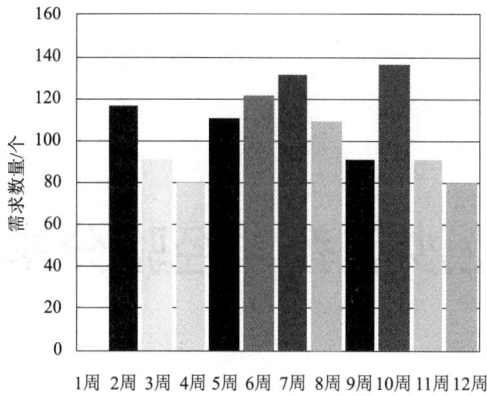

（a）本地游客国内游（网点1）　　　　　　　（b）本地游客国内游（网点2）

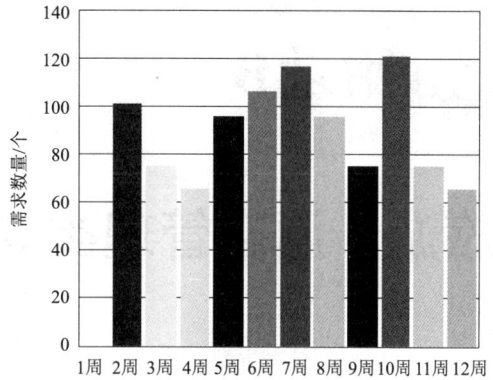

图 A-2　旅行社网点市场调研

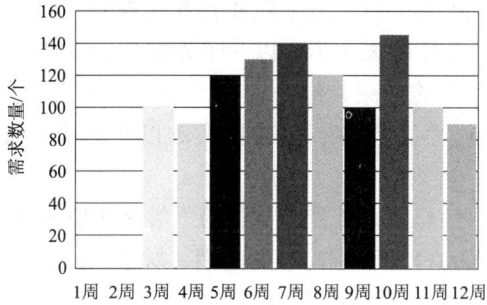

（a）本地游客国内游（分社1）　　　　　　　（b）本地游客国内游（分社2）

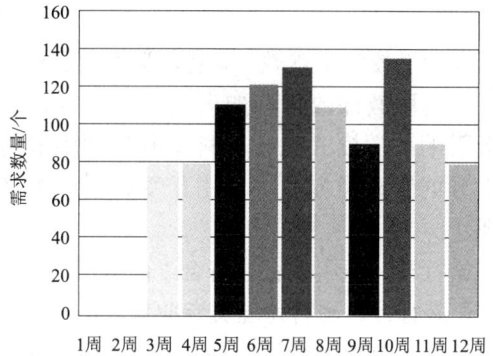

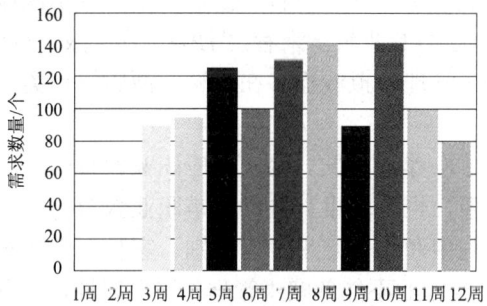

（c）本地游客出境游（分社1）　　　　　　　（d）本地游客出境游（分社2）

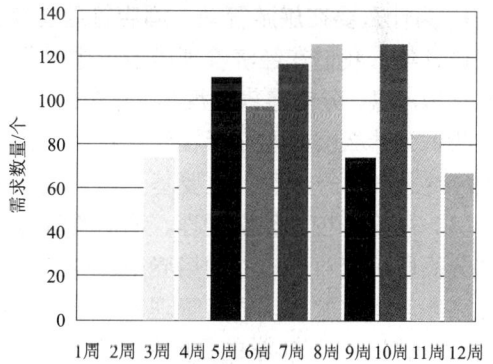

注：1. 预测有出入，但基本能够反映市场需求状况。
2. 横坐标代表周数/周，纵坐标代表需求数量/个。

图 A-3　旅行社分社市场调研

附录B

旅游、酒店管理类专业沙盘教学经验分享

综述

高职学校学生难教、难管,学生上课玩手机、睡大觉似乎成了职业教育课堂的普遍现象。

目前职教课改正在如火如荼地进行,从实际运行效果来看,以"任务驱动、项目导向"为指引的教学模式在理工科专业教学中取得了较好的效果,但是在以"隐性知识""变量"为主导的管理类专业中,由于受社会环境的影响,"真任务、实项目"难以在该类专业中实现。

旅行社、酒店等企业符合"商务流、资金流、信息流、工作流、物流"等基本管理属性。同时,旅行社、酒店管理类专业培养的人才中"人力资源管理、市场营销、财务、行政管理"等岗位的定位也完全符合沙盘模拟教学特点。因此,应用沙盘模拟教学完全符合该类专业的特点和要求。

1. 为什么要在旅游管理、酒店管理类专业推行沙盘教学

这几年,我们在经济管理类专业中推行了沙盘教学,有企业管理沙盘、市场营销沙盘、项目管理沙盘、分销零售沙盘等。从全国的经济管理类专业教学来看,"沙盘"几乎成了标配!那么我们为什么会研发旅行社经营管理沙盘、酒店管理模拟沙盘并在旅游、酒店管理类专业中推广这种教学方式呢?主要基于以下几点想法。

(1)高等院校中旅游管理、酒店管理专业人才培养层次低。为了适应职业教育的特点,大部分高职院校对于技能的培养很重视,这是好事,也是坏事!技能虽是职业教育的生命,但是高职教育中旅游、酒店管理专业培养的技能与中职教育几乎没有差别。家长、学生难免会问:"我们上这三年学的目的何在呢?"因此该类专业不能忽略"管理"这个属性,只有加强"管理能力""管理思维"的训练和培养,才能与中职教育有所区别,才能满足家长、学生的要求。

(2)旅游管理、酒店管理专业对就业岗位认识存在误区。笔者搜索了天津、山东、河北、江苏等设有旅游管理、酒店管理专业的50多所院校,发现他们的就业方向介绍基本有一个共识,那就是旅游管理专业主要培养导游,酒店管理专业主要培养餐饮、客房服务员,这充分体现出对岗位定位的偏低与片面。以酒店为例,它在经营过程中同样需要营销、人力资源、行政等一系列岗位。另外,旅游管理、酒店管理等专业培养的对象主要是服务型人员,而不管何种企事业单位,都对"服务型"岗位有一定的人才需求。因此旅游管理、酒店管理专业的毕业生都应该能够和可以从事这些岗位。这种认识的误区，导致了旅游管理、酒店管理专业这几年招生越来越困难，这跟学校、教师的认识偏差是有直接关系的。

以上两个原因，是目前该类专业人才培养中的关键和突出问题，不能解决以上认识和现实问题，旅游、酒店管理专业的发展将会面临严峻的态势。

2. 推行的沙盘教学能够解决什么问题

（1）解决了学生的岗位认识、定位问题。沙盘教学，是在一个模拟的环境中，让学生全面体验酒店、旅行社的岗位职责与要求，让学生能有较好的角色意识，明确学习的目标和就业的目标。

（2）解决学习效率低的问题。沙盘教学是一种团队学习的方式，学生在团队中互相借鉴、互相学习。同时，沙盘的对抗性，能充分激发学生的学习参与性。而且，沙盘是一种任务式教学，有利于培养学生面对问题、解决问题的能力。

（3）提高学生的管理思维和管理能力。沙盘，不关注具体的技能训练，而是培养学生的决策能力、管理协调能力及资源整合能力，这些恰恰是一般教学方式没有办法做到的。

在与一些企业接触过程中，有些HR的想法确实让人吃惊和忧虑，这些HR为了解决"用人"问题，往往都是把旅游、酒店管理类专业的学生当成"廉价操作工"来考虑。因此，他们不希望高职院校灌输或教授更高级的知识、理念。如果院校也仅仅为了提高就业率把我们的学生这样培养，我们还真是对不起自己的良心。

3. 物理沙盘与电子沙盘教学的比较

沙盘教学目前在工商管理类专业、财经管理类专业的教学中得到了迅速普及，并得到了院校、教师的认可，特别是受到了学生的极大欢迎。同时，利用沙盘教具进行企业培训也得到迅速推广，并取得了不错的市场效果。

国内目前较大的沙盘教具开发企业如用友新道、中教畅想等的市场覆盖率较高，比较著名的沙盘培训网站及企业有中华讲师网、北京嘉得迪瑞企业管理顾问有限公司等。

那么在院校进行沙盘实训室建设时，是选择电子沙盘还是物理沙盘呢，笔者进行了如下分析，如表B-1所示。

表B-1 物理沙盘与电子沙盘的比较

	物理沙盘	电子沙盘
教具	比较直观，容易入手	抽象，入手慢
企业认知	能够较好了解企业全貌，加强部门协同	难以了解其他部门
工作流程	更好地了解企业业务流程，自主丰富业务流程	流程简化，难以丰富
教学组织	统一时间、地点，组织形式相对复杂	组织形式、时间、地点灵活
用途	适合教学及企业培训	适合比赛，无法用于企业培训

因此，综合分析，建设物理沙盘还是电子沙盘实训室，需要根据不同需求而定。笔者个人建议，如果是以教学为第一需求，建议建设物理沙盘实训室；如果有配套电子沙盘，而且院校的预算又富裕，可以同时购买电子沙盘，以便于在业余时间组织教学或比赛。

4. 旅行社经营管理沙盘课程的应用领域探讨

模拟沙盘作为教学改革的一种有效教具，可以通过灵活的教学安排，使其发挥更大的效果。教学安排应适时修改教学计划，采取集中授课、123 式培训法。

职业院校可以根据教学需要，从以下几个角度使用模拟沙盘。

（1）专业认知教育

许多院校在新生入学初期，往往会对新生做相关的专业教育。目前，院校基本上采用专业认知讲座的方式来开展此项工作。对于刚刚从普通高中毕业的学生来讲，大部分讲座内容是比较抽象、晦涩的，如果能够把沙盘模拟教具应用到专业认知教育中，就可以使学生能够对专业知识和要求的认知具体化、明朗化，起到事半功倍的效果。

（2）专业课程实训

专业课程实训是旅行社经营管理沙盘模拟教具最基本，也是最重要的功能。通过模拟实训，使学生把理论知识和实践应用紧密结合起来，同时也是检验理论教学效果的一个有效方法。

（3）开展职业技能竞赛

职业技能竞赛是教育教学成果的集中展示。技能竞赛对于引导职业院校深化教育教学改革，指导专业建设，改革教学方法，激励青年学生学练技能、奋发成才，促进职业教育发展具有重要的意义。旅行社经营管理沙盘可以作为职业学院开展职业技能竞赛的平台，深入推动教育教学改革，激发学生的学习热情。

（4）设置公共选修课

目前，许多职业院校专业设置往往趋向复合性，而院校中只有管理类专业开设管理类课程。职业学院可以通过设立公共选修课的方式，对于非管理类专业学生进行管理知识的培训，有利于提高不同专业学生的综合素养。

（5）企业员工培训

职业院校要立足区域，广拓输入口，拓宽输出口，做到"教育"与"培训"相结合，要以培养高素质的实用人才为主，同时要兼顾企业的在职、转岗和再就业培训。职业院校可以借助模拟沙盘这个工具，为企业开展相关的培训工作，在带来较好的经济效益的同时，进一步提高院校的知名度和美誉度。

5. 管理沙盘教学的价值分析

沙盘模拟是一种全新的教学模式。沙盘模拟对抗课程、互动式的教学方式融角色扮演、案例分析和专家诊断于一体，充分体现"学生是主体，教师是主导"的全新教学方式。通过实践课程的教学，我们发现沙盘教学具有重大意义，除了在 1.1.3 节中阐述的五点，还体现在以下两方面。

（1）提升学院的专业技能训练项目

由于各种因素的影响，经管类专业的实训工作历来是一个难点。目前院校普遍采用模拟软件的实验室建设方案，由于模拟软件的自身功能限制、教学中竞争环境仿真效果差、不利于监控、难以调动学生的参与性等因素影响，教学效果大打折扣。旅行社经营管理沙盘模拟实训室的建设方案，有效地解决了上述问题，全面提升学院的专业技能训练水平。

（2）提高学院的声誉

模拟沙盘的成功开发，是与校外实训基地紧密合作的结果，既加强了与实训基地的互动，又是在新的历史条件下，校企合作方式的一个有效延伸。通过对外合作与交流，利用学院的实验室，紧密服务于区域企业，加强与区域企业的互动，提升学院的知名度和美誉度。

教育改变人生，实训提升技能。高等职业教育是为企业培养应用型人才的，企业如果在教育过程中适时介入，无疑会缩短毕业生的"适用期"，甚至达到"零距离"的最佳状态。在综合性、复合型人才的培养上，实务界和教育界无疑各有所长。天津滨海职业学院与校外实训基地合作，共同开发旅行社经营管理实战模拟沙盘，以此来建设旅游管理实训室，沙盘实训用于高等职业教育的教学过程，既是产学合作、工学结合的具体体现，又是教学方法改革的具体内容，对于提高学生实际动脑、动手能力有重要的现实意义。

6. 如何做一名优秀的沙盘讲师

高职院校推行"沙盘教学"已经有十多年的历史，各个院校也培养了很多沙盘讲师，笔者结合自己10多年来高校教学和企业培训的经历谈谈如何做一名"优秀的沙盘讲师"。

（1）沙盘讲师的知识储备——综合化

管理沙盘教学一个重要的特点就是打破了过去"条块式""分段式"的课程授课方式，其最大特点就是综合性，它涵盖了市场、生产运作、财务、行政、人事等各方面的内容。因此，沙盘讲师的知识必须是综合的、系统的，要具有较高的横向性。传统的纵向性的授课能力以及僵尸的知识储备是无法满足管理沙盘教学需要的。因此，管理沙盘的授课对教师的知识储备提出了更高的要求。要想成为优秀的沙盘讲师，需要讲师对该专业整体的学科体系所要求的知识有综合的准备，而不只是单一的课程知识。

（2）沙盘讲师的"职场"素养——企业化

沙盘授课中，学生的角色发生了变化，他们成了"员工""职业经理人"，因此，教师的角色也应该发生变化，他们不仅是教师，更应该是模拟企业的"董事长"。"员工"的纪律、习惯、职场素养的养成尤为关键，因而，沙盘讲师不仅讲授内容要与企业接轨，教学管理的"组织"也要实现企业化管理。优秀的管理沙盘讲师，其优秀的企业文化熏陶、职场的经历与体验显得尤为重要。很难想象，一个没有职场体验的培训讲师，能够为"学员"带来优秀的"职场文化"和"职场经验"。

（3）沙盘讲师的"角色"意识——引导师

管理沙盘教学的另一个重要特点就是把课堂还给了学生。沙盘教学打破了传统填鸭式教学中教师的主体地位，把学习的主动权、课堂的主导权交还给了学生，因此，教师变成了"裁判""市场监督者"，更重要的是，他们要学会引导学生思考、解决问题。

（4）沙盘讲师应是优秀的"心理辅导师"

模拟企业经营过程中，学生会遇到各种经营、管理上的困难，在团队协作、沟通、相处方面也会遇到困难和疑惑，他们会非常沮丧，这时培训讲师应学会观察，因势利导地进行鼓励、劝导。同时，讲师要善于发坝学生的特长，及时给予学生成长的指导，做学生职业生涯和人生的引路者。

（5）沙盘讲师应是优秀的"管控者"

在这里，沙盘讲师的管控包括课前、课中直至课程结束。课前，沙盘讲师要充分了解学员的特点，如专业、性别、特长等，做到有的放矢；课中要把控进度，严格按照企业化管理要求，按计划进行相关作业活动，保持培训过程的规范、有序；课程结束时要做好收尾，结合企业的年度管理方式进行课程结课。

（6）把教学与德育紧密结合，做一名"德艺双馨"的教育工作者

"传道、授业、解惑"是教师的三大责任，而三者之中，"道"放在首位。笔者认为，师

者就是要向学生传授做人、做事的道理，引导他们做有责任、有担当的人。在管理沙盘授课过程中，"传道"不再是空洞的说教，而是有了良好的载体：通过结合"作业过程"讲授为什么要诚信、为什么要担当、为什么要协作，这会使德育工作变得触手可及，也印证了陶行知先生的名言："生活即教育"。

附录C

旅行社经营管理沙盘课程标准

1. 课程性质

技能训练课

2. 课程开设学期及基准学时、学分

① 课程开设学期：第三学期。

② 基准学时：32学时。

③ 学分：2学分。

3. 先修课程

① 旅游学基础。

② 旅游心理学。

4. 课程目标

（1）知识目标

① 学习理解市场调研、分析、决策的方法。

② 了解旅行社的完整运营管理流程。

③ 理解旅行社运营中物流、资金流、信息流、商务流、业务流的协同过程。

④ 理解旅行社企业战略管理的重要性。

⑤ 了解常用的营销方法和营销策略。

⑥ 掌握现金预算及制订计划的方法。

⑦ 学会透过财务看旅行社经营管理。

（2）能力目标

① 学会团队合作，树立全局观念及共赢理念。

② 建立基于信息时代的思维方式。

③ 具有对管理问题的综合分析、决策能力。

④ 能够用业务数据制作各种动态信息，以帮助领导做出决策。

⑤ 能够迅速了解商业运作，熟悉旅行社经营管理。

⑥ 能够把现代管理理论和旅行社管理实践相结合。

⑦ 培养沟通、表达和说服能力。

⑧ 处理好旅行社与各协作单位的业务往来。

5. 课程内容与学时安排

项目编号	项目名称	项目内容	主要教学知识点	学习目标	学时
1	旅行社管理团队构建	模拟规则讲解 筹建旅行社管理组织	① 组织的基本形式及构成 ② 人员的选聘与组织 ③ 岗位职责与职能定位 ④ 旅行社命名、团队搭建 ⑤ 旅行社经营管理沙盘运营管理规则	① 熟悉旅行社各主要岗位的职能及岗位要求 ② 分析自身的兴趣及特长,选择并熟悉岗位 ③ 掌握招聘与应聘的流程、方法与技巧 ④ 初步建立组织团队,树立合作意识	4
2	旅行社模拟运营	起始周模拟经营	① 旅行社主要工作岗位职责 ② 旅行社业务流程	掌握主要工作岗位职责、工作方法,熟悉旅行社内部业务流、资金流、信息流、物流及商务流	2
		第一月（4周）模拟经营	① 旅行社战略管理、计划管理 ② 旅行社定位管理 ③ 财务报表制作 ④ 旅游市场需求、竞争分析 ⑤ 月度工作总结 ⑥ 旅行社内部会议管理	学会进行旅行社的战略、计划管理 通过市场分析,确定旅行社定位 制作简单的财务报表	8
		第二月（4周）模拟经营	① 旅行社人力资源管理（招聘、培训、晋升、工资及辞退等） ② 旅行社竞争战略管理 ③ 旅行社调度管理 ④ 财务报表分析 ⑤ 月度工作总结	进行旅行社人力资源管理规划 结合旅行社竞争发展战略,对游客资源进行合理规划、布局 学会通过报表进行经营分析	8
		第三月（4周）模拟经营	① SWOT 分析法 ② 头脑风暴法 ③ 滚动计划法 ④ PDCA 循环工作法;持续改进 ⑤ 5W2H 工作法 ⑥ 月度工作总结	掌握主要教学知识点内容,使学生能够把管理理论与实践进行有效结合	6
		撰写旅行社运营报告、各组交流	① 运营报告撰写、汇报 ② 旅行社负责人点评本旅行社工作人员绩效	撰写完整的旅行社运营报告,制作 PPT 汇报交流	4

6. 训练任务

序号	项目名称	训练任务	实现的能力目标	相关支撑知识	训练方式、手段、步骤	结果
1	旅行社组织机构及团队构建	① 制定招聘启示 ② 设计个人简历 ③ 召开招聘会、面试 ④ 设计旅行社定位 ⑤ 旅行社展示及宣传	① 能够分析旅行社的岗位职责及对人才的要求 ② 能够明确自身的兴趣及特长,进行初步职业生涯规划 ③ 掌握招聘的流程 ④ 掌握应聘的方法与技巧 ⑤ 学会旅行社定位管理	① 组织结构及职权配置 ② 职业生涯设计 ③ 人员的选聘	以学生为主体,教师辅助组织与指导: ① 招聘 CEO ② 制定岗位职责,并给出各职位的招聘启示 ③ 个人设计简历 ④ 召开招聘、面试会 ⑤ 组织员工召开第一次企业大会 ⑥ 设计旅行社基本信息并展示	招聘启示 个人简历 组成各企业团队

序号	项目名称	训练任务	实现的能力目标	相关支撑知识	训练方式、手段、步骤	结果
2	旅行社运营模拟	① 旅行社 3 个月的模拟运营 ② 完成岗位工作计划、管理过程工作记录 ③ 月末旅行社运营总结及个人总结	① 熟悉旅行社运作流程 ② 掌握旅行社中、短期计划的制订 ③ 掌握旅行社运营各工作的规程及方法 ④ 能够实现部门间的有效协作	① 旅行社管理 ② 组织行为学 ③ 财务管理 ④ 市场营销 ⑤ 人力资源管理	学生分组进行： ① 月初规划 ② 3 个月的模拟经营 ③ 月末总结、交流 ④ 教师点评	财务报表 个人（旅行社）月度工作总结
3	旅行社模拟经营总结	以组为单位对旅行社 3 个月经营过程及学习收获进行总结	① 具备运用所学理论知识，分析、解决管理问题的能力 ② 具备在过程中学习及总结经验和归纳方法的能力	① 旅行社经营管理相关知识的储备 ② 演示文稿的制作	① 分组进行业务、收获总结 ② 制作演示文稿 ③ 组间交流 ④ 老师点评	旅行社经营总结及学习收获与体会

7. 考核标准（考核方案）

项目编号	考核点所占比例	建议考核方式	评 价 标 准			
			优	良	中	及格
1	岗位职责的制定；招聘启示的撰写；个人简历的设计；[旅行社组织设置]10%	教师评价、学生互评	能正确制定各岗位职责，内容具体全面；招聘启示的书写符合格式规范，内容合理，语言简明，表述清晰；个人简历内容新颖，符合要求；[组织结构及职权配置最佳；职业生涯设计和人员的选聘合理；旅行社名称和广告语设计有新意]	制定的各岗位职责，内容较全面；招聘启示的书写符合格式规范，内容较合理，语言清晰；个人简历符合要求；[组织结构及职权配置较好；职业生涯设计和人员的选聘基本合理；旅行社名称和广告语设计符合要求]	制定的各岗位职责，内容较全面；招聘启示内容较合理；个人简历符合要求；[组织结构及职权配置一般；职业生涯设计和人员的选聘尚可；旅行社名称和广告语设计一般]	能够制定出岗位职责；撰写的招聘启示和个人简历基本符合要求；[组织结构及职权配置、职业生涯设计和人员的选聘不合理；旅行社名称和广告语设计有漏洞]
2	旅行社经营竞争模拟20%	教师评价、学生互评	在旅行社 12 个月的模拟经营过程中，积极参与企业的决策；恪尽职守；工作记录齐全；对企业的经营有重大贡献；能够与其他组员充分交流，配合默契	在旅行社 12 个月的模拟经营过程中，表现较积极；认真完成本职工作；工作记录较全；对企业的经营有较大贡献；能够与其他组员交流、合作	在旅行社 12 个月的模拟经营过程中，能够认真对待，独立完成自己负责的工作任务；并能够在需要时与其他组员交流、配合	在旅行社 12 个月的模拟经营过程中，能够在教师和其他组员的帮助下，完成所负责的工作
3	旅行社经营结果总结[旅行社经营报告]20%	教师评价、学生互评	能够对经营过程的得与失进行总结；能够与所学理论知识紧密结合，归纳要点；通过模拟企业的经营对企业的管理及组织有深刻的认识和体会；能够客观评价企业经营的情况；语言表述清晰，逻辑性强；[能在规定时间内熟练、扼要地陈述公司经营结果，分析准确，语言流畅，表达准确]	能够对经营过程的得与失进行总结；能够与所学理论知识相结合；通过模拟企业的经营对企业的管理及组织有较深刻的认识和体会；[能在规定时间内比较流利、清晰地说明公司经营状况，思路清晰，表达准确]	能够对经营过程的得与失进行总结；能够与所学理论知识相结合；通过模拟企业的经营对企业的管理及组织有一定的认识和体会；[能在规定时间叙述公司经营状况，无原则错误]	能够对经营过程的得与失进行总结；通过模拟企业的经营对企业的管理及组织有一定的认识和体会；[能在规定时间内能说明公司经营状况，但条理不够明确，对某些主要问题的回答不够恰当]

续表

项目编号	考核点所占比例	建议考核方式	评价标准			
			优	良	中	及格
4	旅行社经营的排名：20%	教师评价、学生互评	经营盈利	经营收益一般	盈亏平衡	经营亏损
5	经营活动记录齐全：10%	教师评价、学生互评	编制的报表和记录内容完整，数字正确，格式标准，书写清晰	编制的报表和记录内容基本完整，数字正确，格式较标准，书写较清晰	编制的报表和记录内容基本完整，数字正确，格式较标准，书写欠清晰	编制的报表和记录内容欠完整，数字正确，格式基本符合要求，书写欠清晰
6	公共考核点20%（出勤率10% 学习态度4% 团队合作精神2% 交流及表达能力2% 组织协调能力2%）	自评、教师评价	出勤率100%	出勤率95%	出勤率90%以下	出勤率80%以下
		教师评价	学习积极性高，谦虚好学	学习积极性较高	能够进行学习	没有厌学现象
		学生互评	具有良好的团队合作精神，热心帮助小组其他成员	具有较好的团队合作精神，能帮助小组其他成员	具有较好的团队合作精神	能配合小组完成项目任务
		学生互评、教师评价	能独立分析问题，并用专业语言正确流利表述个人观点，表达沟通能力	用专业语言正确、较为流利表述个人观点	能较为流利地阐述，表达沟通能力一般	能基本正确地表述观点
		学生互评、教师评价	能根据工作任务，正确控制、激励和协调小组活动过程	能根据工作任务，较为正确控制、激励和协调小组活动过程	能根据工作任务，顺利与其他组员共同完成活动过程	基本可以与其他组员共同完成活动过程

8. 本课程运行实训教学条件要求

序号	实训项目（任务）	实训室	实训资源名称	时间安排
1	全部课程	旅游管理沙盘实训室	电脑、大屏、旅行社经营管理模拟沙盘教学系统	第三学期集中上课（1周）

附录 D

旅行社条例

（2009 年 2 月 20 日中华人民共和国国务院令第 550 号公布。根据 2016 年 2 月 6 日中华人民共和国国务院令第 666 号《国务院关于修改部分行政法规的决定》修改，自公布之日起施行。）

第一章　总　　则

第一条　为了加强对旅行社的管理，保障旅游者和旅行社的合法权益，维护旅游市场秩序，促进旅游业的健康发展，制定本条例。

第二条　本条例适用于中华人民共和国境内旅行社的设立及经营活动。

本条例所称旅行社，是指从事招徕、组织、接待旅游者等活动，为旅游者提供相关旅游服务，开展国内旅游业务、入境旅游业务或者出境旅游业务的企业法人。

第三条　国务院旅游行政主管部门负责全国旅行社的监督管理工作。

县级以上地方人民政府管理旅游工作的部门按照职责负责本行政区域内旅行社的监督管理工作。

县级以上各级人民政府工商、价格、商务、外汇等有关部门，应当按照职责分工，依法对旅行社进行监督管理。

第四条　旅行社在经营活动中应当遵循自愿、平等、公平、诚信的原则，提高服务质量，维护旅游者的合法权益。

第五条　旅行社行业组织应当按照章程为旅行社提供服务，发挥协调和自律作用，引导旅行社合法、公平竞争和诚信经营。

第二章　旅行社的设立

第六条　申请经营国内旅游业务和入境旅游业务的，应当取得企业法人资格，并且注册资本不少于 30 万元。

第七条　申请经营国内旅游业务和入境旅游业务的，应当向所在地省、自治区、直辖市旅游行政管理部门或者其委托的设区的市级旅游行政管理部门提出申请，并提交符合本条例第六条规定的相关证明文件。受理申请的旅游行政管理部门应当自受理申请之日起 20 个工作日内作出许可或者不予许可的决定。予以许可的，向申请人颁发旅行社业务经营许可证；不予许可的，书面通知申请人并说明理由。

第八条　旅行社取得经营许可满两年，且未因侵害旅游者合法权益受到行政机关罚款以上处罚的，可以申请经营出境旅游业务。

第九条　申请经营出境旅游业务的，应当向国务院旅游行政主管部门或者其委托的省、自治区、直辖市旅游行政管理部门提出申请，受理申请的旅游行政管理部门应当自受理申请之日起 20 个工作日内作出许可或者不予许可的决定。予以许可的，向申请人换发旅行社业务经营许可证；不予许可的，书面通知申请人并说明理由。

第十条　旅行社设立分社的，应当向分社所在地的工商行政管理部门办理设立登记，并自设立登记之日起 3 个工作日内向分社所在地的旅游行政管理部门备案。

旅行社分社的设立不受地域限制。分社的经营范围不得超出设立分社的旅行社的经营范围。

第十一条　旅行社设立专门招徕旅游者、提供旅游咨询的服务网点（以下简称旅行社服务网点）应当依法向工商行政管理部门办理设立登记手续，并向所在地的旅游行政管理部门备案。

旅行社服务网点应当接受旅行社的统一管理，不得从事招徕、咨询以外的活动。

第十二条　旅行社变更名称、经营场所、法定代表人等登记事项或者终止经营的，应当到工商行政管理部门办理相应的变更登记或者注销登记，并在登记办理完毕之日起 10 个工作日内，向原许可的旅游行政管理部门备案，换领或者交回旅行社业务经营许可证。

第十三条　旅行社应当自取得旅行社业务经营许可证之日起 3 个工作日内，在国务院旅游行政主管部门指定的银行开设专门的质量保证金账户，存入质量保证金，或者向作出许可的旅游行政管理部门提交依法取得的担保额度不低于相应质量保证金数额的银行担保。

经营国内旅游业务和入境旅游业务的旅行社，应当存入质量保证金 20 万元；经营出境旅游业务的旅行社，应当增存质量保证金 120 万元。

质量保证金的利息属于旅行社所有。

第十四条　旅行社每设立一个经营国内旅游业务和入境旅游业务的分社，应当向其质量保证金账户增存 5 万元；每设立一个经营出境旅游业务的分社，应当向其质量保证金账户增存 30 万元。

第十五条　有下列情形之一的，旅游行政管理部门可以使用旅行社的质量保证金：

（一）旅行社违反旅游合同约定，侵害旅游者合法权益，经旅游行政管理部门查证属实的；

（二）旅行社因解散、破产或者其他原因造成旅游者预交旅游费用损失的。

第十六条　人民法院判决、裁定及其他生效法律文书认定旅行社损害旅游者合法权益，旅行社拒绝或者无力赔偿的，人民法院可以从旅行社的质量保证金账户上划拨赔偿款。

第十七条　旅行社自交纳或者补足质量保证金之日起三年内未因侵害旅游者合法权益受到行政机关罚款以上处罚的，旅游行政管理部门应当将旅行社质量保证金的交存数额降低 50%，并向社会公告。旅行社可凭省、自治区、直辖市旅游行政管理部门出具的凭证减少其质量保证金。

第十八条　旅行社在旅游行政管理部门使用质量保证金赔偿旅游者的损失，或者依法减少质量保证金后，因侵害旅游者合法权益受到行政机关罚款以上处罚的，应当在收到旅游行政管理部门补交质量保证金的通知之日起 5 个工作日内补足质量保证金。

第十九条 旅行社不再从事旅游业务的,凭旅游行政管理部门出具的凭证,向银行取回质量保证金。

第二十条 质量保证金存缴、使用的具体管理办法由国务院旅游行政主管部门和国务院财政部门会同有关部门另行制定。

第三章 外商投资旅行社

第二十一条 外商投资旅行社适用本章规定;本章没有规定的,适用本条例其他有关规定。

前款所称外商投资旅行社,包括中外合资经营旅行社、中外合作经营旅行社和外资旅行社。

第二十二条 外商投资企业申请经营旅行社业务,应当向所在地省、自治区、直辖市旅游行政管理部门提出申请,并提交符合本条例第六条规定条件的相关证明文件。省、自治区、直辖市旅游行政管理部门应当自受理申请之日起 30 个工作日内审查完毕。予以许可的,颁发旅行社业务经营许可证;不予许可的,书面通知申请人并说明理由。

设立外商投资旅行社,还应当遵守有关外商投资的法律、法规。

第二十三条 外商投资旅行社不得经营中国内地居民出国旅游业务以及赴香港特别行政区、澳门特别行政区和台湾地区旅游的业务,但是国务院决定或者我国签署的自由贸易协定和内地与香港、澳门关于建立更紧密经贸关系的安排另有规定的除外。

第四章 旅行社经营

第二十四条 旅行社向旅游者提供的旅游服务信息必须真实可靠,不得作虚假宣传。

第二十五条 经营出境旅游业务的旅行社不得组织旅游者到国务院旅游行政主管部门公布的中国公民出境旅游目的地之外的国家和地区旅游。

第二十六条 旅行社为旅游者安排或者介绍的旅游活动不得含有违反有关法律、法规规定的内容。

第二十七条 旅行社不得以低于旅游成本的报价招徕旅游者。未经旅游者同意,旅行社不得在旅游合同约定之外提供其他有偿服务。

第二十八条 旅行社为旅游者提供服务,应当与旅游者签订旅游合同并载明下列事项:

(一)旅行社的名称及其经营范围、地址、联系电话和旅行社业务经营许可证编号;

(二)旅行社经办人的姓名、联系电话;

(三)签约地点和日期;

(四)旅游行程的出发地、途经地和目的地;

(五)旅游行程中交通、住宿、餐饮服务安排及其标准;

(六)旅行社统一安排的游览项目的具体内容及时间;

(七)旅游者自由活动的时间和次数;

(八)旅游者应当交纳的旅游费用及交纳方式;

(九)旅行社安排的购物次数、停留时间及购物场所的名称;

(十)需要旅游者另行付费的游览项目及价格;

(十一)解除或者变更合同的条件和提前通知的期限;

(十二)违反合同的纠纷解决机制及应当承担的责任;

(十三)旅游服务监督、投诉电话;

（十四）双方协商一致的其他内容。

第二十九条 旅行社在与旅游者签订旅游合同时，应当对旅游合同的具体内容作出真实、准确、完整的说明。

旅行社和旅游者签订的旅游合同约定不明确或者对格式条款的理解发生争议的，应当按照通常理解予以解释；对格式条款有两种以上解释的，应当作出有利于旅游者的解释；格式条款和非格式条款不一致的，应当采用非格式条款。

第三十条 旅行社组织中国内地居民出境旅游的，应当为旅游团队安排领队全程陪同。

第三十一条 旅行社为接待旅游者委派的导游人员或者为组织旅游者出境旅游委派的领队人员，应当持有国家规定的导游证、领队证。

第三十二条 旅行社聘用导游人员、领队人员应当依法签订劳动合同，并向其支付不低于当地最低工资标准的报酬。

第三十三条 旅行社及其委派的导游人员和领队人员不得有下列行为：

（一）拒绝履行旅游合同约定的义务；

（二）非因不可抗力改变旅游合同安排的行程；

（三）欺骗、胁迫旅游者购物或者参加需要另行付费的游览项目。

第三十四条 旅行社不得要求导游人员和领队人员接待不支付接待和服务费用或者支付的费用低于接待和服务成本的旅游团队，不得要求导游人员和领队人员承担接待旅游团队的相关费用。

第三十五条 旅行社违反旅游合同约定，造成旅游者合法权益受到损害的，应当采取必要的补救措施，并及时报告旅游行政管理部门。

第三十六条 旅行社需要对旅游业务作出委托的，应当委托给具有相应资质的旅行社，征得旅游者的同意，并与接受委托的旅行社就接待旅游者的事宜签订委托合同，确定接待旅游者的各项服务安排及其标准，约定双方的权利、义务。

第三十七条 旅行社将旅游业务委托给其他旅行社的，应当向接受委托的旅行社支付不低于接待和服务成本的费用；接受委托的旅行社不得接待不支付或者不足额支付接待和服务费用的旅游团队。

接受委托的旅行社违约，造成旅游者合法权益受到损害的，作出委托的旅行社应当承担相应的赔偿责任。作出委托的旅行社赔偿后，可以向接受委托的旅行社追偿。

接受委托的旅行社故意或者重大过失造成旅游者合法权益损害的，应当承担连带责任。

第三十八条 旅行社应当投保旅行社责任险。旅行社责任险的具体方案由国务院旅游行政主管部门会同国务院保险监督管理机构另行制定。

第三十九条 旅行社对可能危及旅游者人身、财产安全的事项，应当向旅游者作出真实的说明和明确的警示，并采取防止危害发生的必要措施。

发生危及旅游者人身安全的情形的，旅行社及其委派的导游人员、领队人员应当采取必要的处置措施并及时报告旅游行政管理部门；在境外发生的，还应当及时报告中华人民共和国驻该国使领馆、相关驻外机构、当地警方。

第四十条 旅游者在境外滞留不归的，旅行社委派的领队人员应当及时向旅行社和中华人民共和国驻该国使领馆、相关驻外机构报告。旅行社接到报告后应当及时向旅游行政管理部门和公安机关报告，并协助提供非法滞留者的信息。

　　旅行社接待入境旅游发生旅游者非法滞留我国境内的，应当及时向旅游行政管理部门、公安机关和外事部门报告，并协助提供非法滞留者的信息。

第五章　监　督　检　查

　　第四十一条　旅游、工商、价格、商务、外汇等有关部门应当依法加强对旅行社的监督管理，发现违法行为，应当及时予以处理。

　　第四十二条　旅游、工商、价格等行政管理部门应当及时向社会公告监督检查的情况。公告的内容包括旅行社业务经营许可证的颁发、变更、吊销、注销情况，旅行社的违法经营行为以及旅行社的诚信记录、旅游者投诉信息等。

　　第四十三条　旅行社损害旅游者合法权益的，旅游者可以向旅游行政管理部门、工商行政管理部门、价格主管部门、商务主管部门或者外汇管理部门投诉，接到投诉的部门应当按照其职责权限及时调查处理，并将调查处理的有关情况告知旅游者。

　　第四十四条　旅行社及其分社应当接受旅游行政管理部门对其旅游合同、服务质量、旅游安全、财务账簿等情况的监督检查，并按照国家有关规定向旅游行政管理部门报送经营和财务信息等统计资料。

　　第四十五条　旅游、工商、价格、商务、外汇等有关部门工作人员不得接受旅行社的任何馈赠，不得参加由旅行社支付费用的购物活动或者游览项目，不得通过旅行社为自己、亲友或者其他个人、组织牟取私利。

第六章　法　律　责　任

　　第四十六条　违反本条例的规定，有下列情形之一的，由旅游行政管理部门或者工商行政管理部门责令改正，没收违法所得，违法所得 10 万元以上的，并处违法所得 1 倍以上 5 倍以下的罚款；违法所得不足 10 万元或者没有违法所得的，并处 10 万元以上 50 万元以下的罚款：

　　（一）未取得相应的旅行社业务经营许可，经营国内旅游业务、入境旅游业务、出境旅游业务的；

　　（二）分社超出设立分社的旅行社的经营范围经营旅游业务的；

　　（三）旅行社服务网点从事招徕、咨询以外的旅行社业务经营活动的。

　　第四十七条　旅行社转让、出租、出借旅行社业务经营许可证的，由旅游行政管理部门责令停业整顿 1 个月至 3 个月，并没收违法所得；情节严重的，吊销旅行社业务经营许可证。受让或者租借旅行社业务经营许可证的，由旅游行政管理部门责令停止非法经营，没收违法所得，并处 10 万元以上 50 万元以下的罚款。

　　第四十八条　违反本条例的规定，旅行社未在规定期限内向其质量保证金账户存入、增存、补足质量保证金或者提交相应的银行担保的，由旅游行政管理部门责令改正；拒不改正的，吊销旅行社业务经营许可证。

　　第四十九条　违反本条例的规定，旅行社不投保旅行社责任险的，由旅游行政管理部门责令改正；拒不改正的，吊销旅行社业务经营许可证。

　　第五十条　违反本条例的规定，旅行社有下列情形之一的，由旅游行政管理部门责令改正；拒不改正的，处 1 万元以下的罚款：

（一）变更名称、经营场所、法定代表人等登记事项或者终止经营，未在规定期限内向原许可的旅游行政管理部门备案，换领或者交回旅行社业务经营许可证的；

（二）设立分社未在规定期限内向分社所在地旅游行政管理部门备案的；

（三）不按照国家有关规定向旅游行政管理部门报送经营和财务信息等统计资料的。

第五十一条 违反本条例的规定，外商投资旅行社经营中国内地居民出国旅游业务以及赴香港特别行政区、澳门特别行政区和台湾地区旅游业务，或者经营出境旅游业务的旅行社组织旅游者到国务院旅游行政主管部门公布的中国公民出境旅游目的地之外的国家和地区旅游的，由旅游行政管理部门责令改正，没收违法所得，违法所得10万元以上的，并处违法所得1倍以上5倍以下的罚款；违法所得不足10万元或者没有违法所得的，并处10万元以上50万元以下的罚款；情节严重的，吊销旅行社业务经营许可证。

第五十二条 违反本条例的规定，旅行社为旅游者安排或者介绍的旅游活动含有违反有关法律、法规规定的内容的，由旅游行政管理部门责令改正，没收违法所得，并处2万元以上10万元以下的罚款；情节严重的，吊销旅行社业务经营许可证。

第五十三条 违反本条例的规定，旅行社向旅游者提供的旅游服务信息含有虚假内容或者作虚假宣传的，由工商行政管理部门依法给予处罚。

违反本条例的规定，旅行社以低于旅游成本的报价招徕旅游者的，由价格主管部门依法给予处罚。

第五十四条 违反本条例的规定，旅行社未经旅游者同意在旅游合同约定之外提供其他有偿服务的，由旅游行政管理部门责令改正，处1万元以上5万元以下的罚款。

第五十五条 违反本条例的规定，旅行社有下列情形之一的，由旅游行政管理部门责令改正，处2万元以上10万元以下的罚款；情节严重的，责令停业整顿1个月至3个月：

（一）未与旅游者签订旅游合同；

（二）与旅游者签订的旅游合同未载明本条例第二十八条规定的事项；

（三）未取得旅游者同意，将旅游业务委托给其他旅行社；

（四）将旅游业务委托给不具有相应资质的旅行社；

（五）未与接受委托的旅行社就接待旅游者的事宜签订委托合同。

第五十六条 违反本条例的规定，旅行社组织中国内地居民出境旅游，不为旅游团队安排领队全程陪同的，由旅游行政管理部门责令改正，处1万元以上5万元以下的罚款；拒不改正的，责令停业整顿1个月至3个月。

第五十七条 违反本条例的规定，旅行社委派的导游人员和领队人员未持有国家规定的导游证或者领队证的，由旅游行政管理部门责令改正，对旅行社处2万元以上10万元以下的罚款。

第五十八条 违反本条例的规定，旅行社不向其聘用的导游人员、领队人员支付报酬，或者所支付的报酬低于当地最低工资标准的，按照《中华人民共和国劳动合同法》的有关规定处理。

第五十九条 违反本条例的规定，有下列情形之一的，对旅行社，由旅游行政管理部门或者工商行政管理部门责令改正，处10万元以上50万元以下的罚款；对导游人员、领队人员，由旅游行政管理部门责令改正，处1万元以上5万元以下的罚款；情节严重的，吊销旅行社业务经营许可证、导游证或者领队证：

（一）拒不履行旅游合同约定的义务的；

（二）非因不可抗力改变旅游合同安排的行程的；

（三）欺骗、胁迫旅游者购物或者参加需要另行付费的游览项目的。

第六十条 违反本条例的规定，旅行社要求导游人员和领队人员接待不支付接待和服务费用、支付的费用低于接待和服务成本的旅游团队，或者要求导游人员和领队人员承担接待旅游团队的相关费用的，由旅游行政管理部门责令改正，处 2 万元以上 10 万元以下的罚款。

第六十一条 旅行社违反旅游合同约定，造成旅游者合法权益受到损害，不采取必要的补救措施的，由旅游行政管理部门或者工商行政管理部门责令改正，处 1 万元以上 5 万元以下的罚款；情节严重的，由旅游行政管理部门吊销旅行社业务经营许可证。

第六十二条 违反本条例的规定，有下列情形之一的，由旅游行政管理部门责令改正，停业整顿 1 个月至 3 个月；情节严重的，吊销旅行社业务经营许可证：

（一）旅行社不向接受委托的旅行社支付接待和服务费用的；

（二）旅行社向接受委托的旅行社支付的费用低于接待和服务成本的；

（三）接受委托的旅行社接待不支付或者不足额支付接待和服务费用的旅游团队的。

第六十三条 违反本条例的规定，旅行社及其委派的导游人员、领队人员有下列情形之一的，由旅游行政管理部门责令改正，对旅行社处 2 万元以上 10 万元以下的罚款；对导游人员、领队人员处 4 000 元以上 2 万元以下的罚款；情节严重的，责令旅行社停业整顿 1 个月至 3 个月，或者吊销旅行社业务经营许可证、导游证、领队证：

（一）发生危及旅游者人身安全的情形，未采取必要的处置措施并及时报告的；

（二）旅行社组织出境旅游的旅游者非法滞留境外，旅行社未及时报告并协助提供非法滞留者信息的；

（三）旅行社接待入境旅游的旅游者非法滞留境内，旅行社未及时报告并协助提供非法滞留者信息的。

第六十四条 因妨害国（边）境管理受到刑事处罚的，在刑罚执行完毕之日起五年内不得从事旅行社业务经营活动；旅行社被吊销旅行社业务经营许可的，其主要负责人在旅行社业务经营许可被吊销之日起五年内不得担任任何旅行社的主要负责人。

第六十五条 旅行社违反本条例的规定，损害旅游者合法权益的，应当承担相应的民事责任；构成犯罪的，依法追究刑事责任。

第六十六条 违反本条例的规定，旅游行政管理部门或者其他有关部门及其工作人员有下列情形之一的，对直接负责的主管人员和其他直接责任人员依法给予处分：

（一）发现违法行为不及时予以处理的；

（二）未及时公告对旅行社的监督检查情况的；

（三）未及时处理旅游者投诉并将调查处理的有关情况告知旅游者的；

（四）接受旅行社的馈赠的；

（五）参加由旅行社支付费用的购物活动或者游览项目的；

（六）通过旅行社为自己、亲友或者其他个人、组织牟取私利的。

第七章 附 则

第六十七条 香港特别行政区、澳门特别行政区和台湾地区的投资者在内地投资设立的旅行社，参照适用本条例。

第六十八条 本条例自 2009 年 5 月 1 日起施行。1996 年 10 月 15 日国务院发布的《旅行社管理条例》同时废止。

附录E

旅行社条例实施细则

第一章 总 则

第一条 根据《旅行社条例》（以下简称《条例》），制定本实施细则。

第二条 《条例》第二条所称招徕、组织、接待旅游者提供的相关旅游服务，主要包括：

（一）安排交通服务；

（二）安排住宿服务；

（三）安排餐饮服务；

（四）安排观光游览、休闲度假等服务；

（五）导游、领队服务；

（六）旅游咨询、旅游活动设计服务。

旅行社还可以接受委托，提供下列旅游服务：

（一）接受旅游者的委托，代订交通客票、代订住宿和代办出境、入境、签证手续等；

（二）接受机关、事业单位和社会团体的委托，为其差旅、考察、会议、展览等公务活动，代办交通、住宿、餐饮、会务等事务；

（三）接受企业委托，为其各类商务活动、奖励旅游等，代办交通、住宿、餐饮、会务、观光游览、休闲度假等事务；

（四）其他旅游服务。

前款所列出境、签证手续等服务，应当由具备出境旅游业务经营权的旅行社代办。

第三条 《条例》第二条所称国内旅游业务，是指旅行社招徕、组织和接待中国内地居民在境内旅游的业务。

《条例》第二条所称入境旅游业务，是指旅行社招徕、组织、接待外国旅游者来我国旅游，香港特别行政区、澳门特别行政区旅游者来内地旅游，台湾地区居民来大陆旅游，以及招徕、组织、接待在中国内地的外国人，在内地的香港特别行政区、澳门特别行政区居民和在大陆的台湾地区居民在境内旅游的业务。

《条例》第二条所称出境旅游业务，是指旅行社招徕、组织、接待中国内地居民出国旅游，赴香港特别行政区、澳门特别行政区和台湾地区旅游，以及招徕、组织、接待在中国内地的外国人、在内地的香港特别行政区、澳门特别行政区居民和在大陆的台湾地区居民出境旅游的业务。

第四条 对旅行社及其分支机构的监督管理，县级以上旅游行政管理部门应当按照《条例》、本细则的规定和职责，实行分级管理和属地管理。

第五条 鼓励旅行社实行服务质量等级制度；鼓励旅行社向专业化、网络化、品牌化发展。

第二章 旅行社的设立与变更

第六条 《条例》第六条第（一）项规定的经营场所应当符合下列要求：

（一）申请者拥有产权的营业用房，或者申请者租用的、租期不少于1年的营业用房；

（二）营业用房应当满足申请者业务经营的需要。

第七条 《条例》第六条第（二）项规定营业设施应当至少包括下列设施、设备：

（一）2部以上的直线固定电话；

（二）传真机、复印机；

（三）具备与旅游行政管理部门及其他旅游经营者联网条件的计算机。

第八条 申请设立旅行社，应当向省、自治区、直辖市旅游行政管理部门（简称省级旅游行政管理部门，下同）提交下列文件：

（一）设立申请书。内容包括申请设立的旅行社的中英文名称及英文缩写，设立地址，企业形式、出资人、出资额和出资方式，申请人、受理申请部门的全称、申请书名称和申请的时间；

（二）法定代表人履历表及身份证明；

（三）企业章程；

（四）依法设立的验资机构出具的验资证明；

（五）经营场所的证明；

（六）营业设施、设备的证明或者说明；

（七）工商行政管理部门出具的《企业名称预先核准通知书》。

省级旅游行政管理部门可以委托设区的市（含州、盟，下同）级旅游行政管理部门，受理当事人的申请并作出许可或者不予许可的决定。

第九条 受理申请的旅游行政管理部门可以对申请人的经营场所、营业设施、设备进行现场检查，或者委托下级旅游行政管理部门检查。

第十条 旅行社申请出境旅游业务的，应当向国务院旅游行政主管部门提交原许可的旅游行政管理部门出具的，证明其经营旅行社业务满两年、且连续两年未因侵害旅游者合法权益受到行政机关罚款以上处罚的文件。

旅行社取得出境旅游经营业务许可的，由国务院旅游行政主管部门换发旅行社业务经营许可证。旅行社持旅行社业务经营许可证向工商行政管理部门办理经营范围变更登记。

国务院旅游行政主管部门可以委托省级旅游行政管理部门受理旅行社经营出境旅游业务的申请，并作出许可或者不予许可的决定。

旅行社申请经营边境旅游业务的，适用《边境旅游暂行管理办法》的规定。

旅行社申请经营赴台湾地区旅游业务的，适用《大陆居民赴台湾地区旅游管理办法》的规定。

第十一条 旅行社因业务经营需要，可以向原许可的旅游行政管理部门申请核发旅行社业务经营许可证副本。

旅行社业务经营许可证及副本，由国务院旅游行政主管部门制定统一样式，国务院旅游行政主管部门和省级旅游行政管理部门分别印制。

旅行社业务经营许可证及副本损毁或者遗失的，旅行社应当向原许可的旅游行政管理部门申请换发或者补发。

申请补发旅行社业务经营许可证及副本的，旅行社应当通过本省、自治区、直辖市范围内公开发行的报刊，或者省级以上旅游行政管理部门网站，刊登损毁或者遗失作废声明。

第十二条　旅行社名称、经营场所、出资人、法定代表人等登记事项变更的，应当在办理变更登记后，持已变更的《企业法人营业执照》向原许可的旅游行政管理部门备案。

旅行社终止经营的，应当在办理注销手续后，持工商行政管理部门出具的注销文件，向原许可的旅游行政管理部门备案。

外商投资旅行社的，适用《条例》第三章的规定。未经批准，旅行社不得引进外商投资。

第十三条　国务院旅游行政主管部门指定的作为旅行社存入质量保证金的商业银行，应当提交具有下列内容的书面承诺：

（一）同意与存入质量保证金的旅行社签订符合本实施细则第十五条规定的协议；

（二）当县级以上旅游行政管理部门或者人民法院依据《条例》规定，划拨质量保证金后3个工作日内，将划拨情况及其数额，通知旅行社所在地的省级旅游行政管理部门，并提供县级以上旅游行政管理部门出具的划拨文件或者人民法院生效法律文书的复印件；

（三）非因《条例》规定的情形，出现质量保证金减少时，承担补足义务。

旅行社应当在国务院旅游行政主管部门指定银行的范围内，选择存入质量保证金的银行。

第十四条　旅行社在银行存入质量保证金的，应当设立独立账户，存期由旅行社确定，但不得少于1年。账户存期届满，旅行社应当及时办理续存手续。

第十五条　旅行社存入、续存、增存质量保证金后7个工作日内，应当向作出许可的旅游行政管理部门提交存入、续存、增存质量保证金的证明文件，以及旅行社与银行达成的使用质量保证金的协议。

前款协议应当包含下列内容：

（一）旅行社与银行双方同意依照《条例》规定使用质量保证金；

（二）旅行社与银行双方承诺，除依照县级以上旅游行政管理部门出具的划拨质量保证金，或者省级以上旅游行政管理部门出具的降低、退还质量保证金的文件，以及人民法院作出的认定旅行社损害旅游者合法权益的生效法律文书外，任何单位和个人不得动用质量保证金。

第十六条　旅行社符合《条例》第十七条降低质量保证金数额规定条件的，原许可的旅游行政管理部门应当根据旅行社的要求，在10个工作日内向其出具降低质量保证金数额的文件。

第十七条　旅行社按照《条例》第十八条规定补足质量保证金后7个工作日内，应当向原许可的旅游行政管理部门提交补足的证明文件。

第三章　旅行社的分支机构

第十八条　旅行社分社（简称分社，下同）及旅行社服务网点（简称服务网点，下同），不具有法人资格，以设立分社、服务网点的旅行社（简称设立社，下同）的名义从事《条例》

规定的经营活动，其经营活动的责任和后果，由设立社承担。

第十九条 设立社向分社所在地工商行政管理部门办理分社设立登记后，应当持下列文件向分社所在地与工商登记同级的旅游行政管理部门备案：

（一）设立社的旅行社业务经营许可证副本和企业法人营业执照副本；

（二）分社的《营业执照》；

（三）分社经理的履历表和身份证明；

（四）增存质量保证金的证明文件。

没有同级的旅游行政管理部门的，向上一级旅游行政管理部门备案。

第二十条 分社的经营场所、营业设施、设备，应当符合《条例》第六条第（一）项、第（二）项及本实施细则第六条、第七条规定的要求。

分社的名称中应当包含设立社名称、分社所在地地名和"分社"或者"分公司"字样。

第二十一条 服务网点是指旅行社设立的，为旅行社招徕旅游者，并以旅行社的名义与旅游者签订旅游合同的门市部等机构。

设立社设立服务网点的区域范围，应当在设立社所在地的设区的市的行政区划内。

设立社不得在前款规定的区域范围外，设立服务网点。

第二十二条 服务网点应当设在方便旅游者认识和出入的公众场所。

服务网点的名称、标牌应当包括设立社名称、服务网点所在地地名等，不得含有使消费者误解为是旅行社或者分社的内容，也不得作易使消费者误解的简称。

服务网点应当在设立社的经营范围内，招徕旅游者、提供旅游咨询服务。

第二十三条 设立社向服务网点所在地工商行政管理部门办理服务网点设立登记后，应当在 3 个工作日内，持下列文件向服务网点所在地与工商登记同级的旅游行政管理部门备案：

（一）设立社的旅行社业务经营许可证副本和企业法人营业执照副本；

（二）服务网点的《营业执照》；

（三）服务网点经理的履历表和身份证明。

没有同级的旅游行政管理部门的，向上一级旅游行政管理部门备案。

第二十四条 分社、服务网点备案后，受理备案的旅游行政管理部门应当向旅行社颁发《旅行社分社备案登记证明》或者《旅行社服务网点备案登记证明》。

第二十五条 设立社应当与分社、服务网点的员工，订立劳动合同。

设立社应当加强对分社和服务网点的管理，对分社实行统一的人事、财务、招徕、接待制度规范，对服务网点实行统一管理、统一财务、统一招徕和统一咨询服务规范。

第四章 旅行社经营规范

第二十六条 旅行社及其分社、服务网点，应当将《旅行社业务经营许可证》《旅行社分社备案登记证明》或者《旅行社服务网点备案登记证明》，与营业执照一起，悬挂在经营场所的显要位置。

第二十七条 旅行社业务经营许可证不得转让、出租或者出借。

旅行社的下列行为属于转让、出租或者出借旅行社业务经营许可证的行为：

（一）除招徕旅游者和符合本实施细则第三十四条第一款规定的接待旅游者的情形外，准许或者默许其他企业、团体或者个人，以自己的名义从事旅行社业务经营活动的；

（二）准许其他企业、团体或者个人，以部门或者个人承包、挂靠的形式经营旅行社业务的。

第二十八条 旅行社设立的办事处、代表处或者联络处等办事机构，不得从事旅行社业务经营活动。

第二十九条 旅行社以互联网形式经营旅行社业务的，除符合法律、法规规定外，其网站首页应当载明旅行社的名称、法定代表人、许可证编号和业务经营范围，以及原许可的旅游行政管理部门的投诉电话。

第三十条 《条例》第二十六条规定的旅行社不得安排的活动，主要包括：

（一）含有损害国家利益和民族尊严内容的；

（二）含有民族、种族、宗教歧视内容的；

（三）含有淫秽、赌博、涉毒内容的；

（四）其他含有违反法律、法规规定内容的。

第三十一条 《条例》第三十四条所规定的旅行社不得要求导游人员和领队人员承担接待旅游团队的相关费用，主要包括：

（一）垫付旅游接待费用；

（二）为接待旅游团队向旅行社支付费用；

（三）其他不合理费用。

第三十二条 旅行社招徕、组织、接待旅游者，其选择的交通、住宿、餐饮、景区等企业，应当符合具有合法经营资格和接待服务能力的要求。

第三十三条 在签订旅游合同时，旅行社不得要求旅游者必须参加旅行社安排的购物活动或者需要旅游者另行付费的旅游项目。

同一旅游团队中，旅行社不得由于下列因素，提出与其他旅游者不同的合同事项：

（一）旅游者拒绝参加旅行社安排的购物活动或者需要旅游者另行付费的旅游项目的；

（二）旅游者存在的年龄或者职业上的差异。但旅行社提供了与其他旅游者相比更多的服务，或者旅游者主动要求的除外。

第三十四条 旅行社需要将在旅游目的地接待旅游者的业务作出委托的，应当按照《条例》第三十六条的规定，委托给旅游目的地的旅行社并签订委托接待合同。

旅行社对接待旅游者的业务作出委托的，应当按照《条例》第三十六条的规定，将旅游目的地接受委托的旅行社的名称、地址、联系人和联系电话，告知旅游者。

第三十五条 旅游行程开始前，当发生约定的解除旅游合同的情形时，经征得旅游者的同意，旅行社可以将旅游者推荐给其他旅行社组织、接待，并由旅游者与被推荐的旅行社签订旅游合同。

未经旅游者同意的，旅行社不得将旅游者转交给其他旅行社组织、接待。

第三十六条 旅行社及其委派的导游人员和领队人员的下列行为，属于擅自改变旅游合同安排行程：

（一）减少游览项目或者缩短游览时间的；

（二）增加或者变更旅游项目的；

（三）增加购物次数或者延长购物时间的；

（四）其他擅自改变旅游合同安排的行为。

第三十七条　在旅游行程中，当发生不可抗力、危及旅游者人身、财产安全，或者非旅行社责任造成的意外情形，旅行社不得不调整或者变更旅游合同约定的行程安排时，应当在事前向旅游者作出说明；确因客观情况无法在事前说明的，应当在事后作出说明。

第三十八条　在旅游行程中，旅游者有权拒绝参加旅行社在旅游合同之外安排的购物活动或者需要旅游者另行付费的旅游项目。

旅行社及其委派的导游人员和领队人员不得因旅游者拒绝参加旅行社安排的购物活动或者需要旅游者另行付费的旅游项目等情形，以任何借口、理由，拒绝继续履行合同、提供服务，或者以拒绝继续履行合同、提供服务相威胁。

第三十九条　旅行社及其委派的导游人员、领队人员，应当对其提供的服务可能危及旅游者人身、财物安全的事项，向旅游者作出真实的说明和明确的警示。

在旅游行程中的自由活动时间，旅游者应当选择自己能够控制风险的活动项目，并在自己能够控制风险的范围内活动。

第四十条　为减少自然灾害等意外风险给旅游者带来的损害，旅行社在招徕、接待旅游者时，可以提示旅游者购买旅游意外保险。

鼓励旅行社依法取得保险代理资格，并接受保险公司的委托，为旅游者提供购买人身意外伤害保险的服务。

第四十一条　发生出境旅游者非法滞留境外或者入境旅游者非法滞留境内的，旅行社应当立即向所在地县级以上旅游行政管理部门、公安机关和外事部门报告。

第四十二条　在旅游行程中，旅行社及其委派的导游人员、领队人员应当提示旅游者遵守文明旅游公约和礼仪。

第四十三条　旅行社及其委派的导游人员、领队人员在经营、服务中享有下列权利：

（一）要求旅游者如实提供旅游所必需的个人信息，按时提交相关证明文件；

（二）要求旅游者遵守旅游合同约定的旅游行程安排，妥善保管随身物品；

（三）出现突发公共事件或者其他危急情形，以及旅行社因违反旅游合同约定采取补救措施时，要求旅游者配合处理防止扩大损失，以将损失降低到最低程度；

（四）拒绝旅游者提出的超出旅游合同约定的不合理要求；

（五）制止旅游者违背旅游目的地的法律、风俗习惯的言行。

第四十四条　旅行社应当妥善保存《条例》规定的招徕、组织、接待旅游者的各类合同及相关文件、资料，以备县级以上旅游行政管理部门核查。

前款所称的合同及文件、资料的保存期，应当不少于两年。

旅行社不得向其他经营者或者个人，泄露旅游者因签订旅游合同提供的个人信息；超过保存期限的旅游者个人信息资料，应当妥善销毁。

第五章　监　督　检　查

第四十五条　根据《条例》和本实施细则规定，受理旅行社申请或者备案的旅游行政管理部门，可以要求申请人或者旅行社，对申请设立旅行社、办理《条例》规定的备案时提交的证明文件、材料的原件，提供复印件并盖章确认，交由旅游行政管理部门留存。

第四十六条　县级以上旅游行政管理部门对旅行社及其分支机构实施监督检查时，可以进入其经营场所，查阅招徕、组织、接待旅游者的各类合同、相关文件、资料，以及财务账簿、交易记录和业务单据等材料，旅行社及其分支机构应当给予配合。

县级以上旅游行政管理部门对旅行社及其分支机构监督检查时，应当由两名以上持有旅游行政执法证件的执法人员进行。

不符合前款规定要求的，旅行社及其分支机构有权拒绝检查。

第四十七条 旅行社应当按年度将下列经营和财务信息等统计资料，在次年 3 月底前，报送原许可的旅游行政管理部门：

（一）旅行社的基本情况，包括企业形式、出资人、员工人数、部门设置、分支机构、网络体系等；

（二）旅行社的经营情况，包括营业收入、利税等；

（三）旅行社组织接待情况，包括国内旅游、入境旅游、出境旅游的组织、接待人数等；

（四）旅行社安全、质量、信誉情况，包括投保旅行社责任保险、认证认可和奖惩等。

对前款资料中涉及旅行社商业秘密的内容，旅游行政管理部门应当予以保密。

第四十八条 《条例》第十七条、第四十二条规定的各项公告，县级以上旅游行政管理部门应当通过本部门或者上级旅游行政管理部门的政府网站向社会发布。

质量保证金存缴数额降低、旅行社业务经营许可证的颁发、变更和注销的，国务院旅游行政主管部门或者省级旅游行政管理部门应当在作出许可决定或者备案后 20 个工作日内向社会公告。

旅行社违法经营或者被吊销旅行社业务经营许可证的，由作出行政处罚决定的旅游行政管理部门，在处罚生效后 10 个工作日内向社会公告。

旅游者对旅行社的投诉信息，由处理投诉的旅游行政管理部门每季度向社会公告。

第四十九条 因下列情形之一，给旅游者的合法权益造成损害的，旅游者有权向县级以上旅游行政管理部门投诉：

（一）旅行社违反《条例》和本实施细则规定的；

（二）旅行社提供的服务，未达到旅游合同约定的服务标准或者档次的；

（三）旅行社破产或者其他原因造成旅游者预交旅游费用损失的。

划拨旅行社质量保证金的决定，应当由旅行社或者其分社所在地处理旅游者投诉的县级以上旅游行政管理部门作出。

第五十条 县级以上旅游行政管理部门，可以在其法定权限内，委托符合法定条件的同级旅游质监执法机构实施监督检查。

第六章 法 律 责 任

第五十一条 违反本实施细则第十二条第三款、第二十三条、第二十六条的规定，擅自引进外商投资、设立服务网点未在规定期限内备案，或者旅行社及其分社、服务网点未悬挂旅行社业务经营许可证、备案登记证明的，由县级以上旅游行政管理部门责令改正，可以处 1 万元以下的罚款。

第五十二条 违反本实施细则第二十二条第三款、第二十八条的规定，服务网点超出设立社经营范围招徕旅游者、提供旅游咨询服务，或者旅行社的办事处、联络处、代表处等从事旅行社业务经营活动的，由县级以上旅游行政管理部门依照《条例》第四十六条的规定处罚。

第五十三条 违反本实施细则第三十二条的规定，旅行社为接待旅游者选择的交通、住宿、餐饮、景区等企业，不具有合法经营资格或者接待服务能力的，由县级以上旅游行政管理部门责令改正，没收违法所得，处违法所得3倍以下但最高不超过3万元的罚款，没有违法所得的，处1万元以下的罚款。

第五十四条 违反本实施细则第三十三条的规定，要求旅游者必须参加旅行社安排的购物活动、需要旅游者另行付费的旅游项目，或者对同一旅游团队的旅游者提出与其他旅游者不同合同事项的，由县级以上旅游行政管理部门责令改正，处1万元以下的罚款。

第五十五条 违反本实施细则第三十四条第二款的规定，旅行社未将旅游目的地接待旅行社的情况告知旅游者的，由县级以上旅游行政管理部门依照《条例》第五十五条的规定处罚。

第五十六条 违反本实施细则第三十五条第二款的规定，旅行社未经旅游者的同意，将旅游者转交给其他旅行社组织、接待的，由县级以上旅游行政管理部门依照《条例》第五十五条的规定处罚。

第五十七条 违反本实施细则第三十八条第二款的规定，旅行社及其导游人员和领队人员拒绝继续履行合同、提供服务，或者以拒绝继续履行合同、提供服务相威胁的，由县级以上旅游行政管理部门依照《条例》第五十九条的规定处罚。

第五十八条 违反本实施细则第四十四条的规定，未妥善保存各类旅游合同及相关文件、资料，保存期不够两年，或者泄露旅游者个人信息的，由县级以上旅游行政管理部门责令改正，没收违法所得，处违法所得3倍以下但最高不超过3万元的罚款；没有违法所得的，处1万元以下的罚款。

第五十九条 吊销旅行社业务经营许可证的行政处罚，由原许可的省级以上旅游行政管理部门作出。

对旅行社作出停业整顿行政处罚的，旅行社在停业整顿期间，不得招徕旅游者、签订旅游合同；停业整顿期间，不影响已签订的旅游合同的履行。

第七章 附 则

第六十条 本实施细则由国务院旅游行政主管部门负责解释。

第六十一条 本实施细则自2009年5月3日起施行。2001年12月27日国家旅游局公布的《旅行社管理条例实施细则》同时废止。

附录F

旅行社责任保险管理办法

第一章 总 则

第一条 为保障旅游者的合法权益，根据《中华人民共和国保险法》和《旅行社条例》，制定本办法。

第二条 在中华人民共和国境内依法设立的旅行社，应当依照《旅行社条例》和本办法的规定，投保旅行社责任保险。

本办法所称旅行社责任保险，是指以旅行社因其组织的旅游活动对旅游者和受其委派并为旅游者提供服务的导游或者领队人员依法应当承担的赔偿责任为保险标的的保险。

第三条 投保旅行社责任保险的旅行社和承保旅行社责任保险的保险公司，应当遵守本办法。

第二章 投 保

第四条 旅行社责任保险的保险责任，应当包括旅行社在组织旅游活动中依法对旅游者的人身伤亡、财产损失承担的赔偿责任和依法对受旅行社委派并为旅游者提供服务的导游或者领队人员的人身伤亡承担的赔偿责任。

具体包括下列情形：

（一）因旅行社疏忽或过失应当承担赔偿责任的；

（二）因发生意外事故旅行社应当承担赔偿责任的；

（三）国家旅游局会同中国保险监督管理委员会（以下简称中国保监会）规定的其他情形。

第五条 中国保监会及其派出机构依法对旅行社责任保险的保险条款和保险费率进行管理。

第六条 旅行社责任保险的保险费率应当遵循市场化原则，并与旅行社经营风险相匹配。

第七条 旅行社投保旅行社责任保险的，应当与保险公司依法订立书面旅行社责任保险合同（以下简称保险合同）。

第八条 旅行社与保险公司订立保险合同时，双方应当依照《中华人民共和国保险法》的有关规定履行告知和说明义务。

第九条 订立保险合同时，保险公司不得强制旅行社投保其他商业保险。

第十条　保险合同成立后，旅行社按照约定交付保险费。保险公司应当及时向旅行社签发保险单或者其他保险凭证，并在保险单或者其他保险凭证中载明当事人双方约定的合同内容，同时按照约定的时间开始承担保险责任。

第十一条　保险合同成立后，除符合《中华人民共和国保险法》规定的情形外，保险公司不得解除保险合同。

第十二条　保险合同成立后，旅行社要解除保险合同的，应当同时订立新的保险合同，并书面通知所在地县级以上旅游行政管理部门，但因旅行社业务经营许可证被依法吊销或注销而解除合同的除外。

第十三条　保险合同解除的，保险公司应当收回保险单，并书面通知旅行社所在地县级以上旅游行政管理部门。

第十四条　旅行社的名称、法定代表人或者业务经营范围等重要事项变更时，应当及时通知保险公司。必要时应当依法办理保险合同变更手续。

第十五条　旅行社责任保险的保险期间为 1 年。

第十六条　旅行社应当在保险合同期满前及时续保。

第十七条　旅行社投保旅行社责任保险，可以依法自主投保，也可以有组织统一投保。

第三章　赔　　偿

第十八条　旅行社在组织旅游活动中发生本办法第四条所列情形的，保险公司依法根据保险合同约定，在旅行社责任保险责任限额内予以赔偿。

责任限额可以根据旅行社业务经营范围、经营规模、风险管控能力、当地经济社会发展水平和旅行社自身需要，由旅行社与保险公司协商确定，但每人人身伤亡责任限额不得低于 20 万元人民币。

第十九条　旅行社组织的旅游活动中发生保险事故，旅行社或者受害的旅游者、导游、领队人员通知保险公司的，保险公司应当及时告知具体的赔偿程序等有关事项。

第二十条　保险事故发生后，旅行社按照保险合同请求保险公司赔偿保险金时，应当向保险公司提供其所能提供的与确认保险事故的性质、原因、损失程度等有关的证明和资料。

保险公司按照保险合同的约定，认为有关的证明和资料不完整的，应当及时一次性通知旅行社补充提供。

旅行社对旅游者、导游或者领队人员应负的赔偿责任确定的，根据旅行社的请求，保险公司应当直接向受害的旅游者、导游或者领队人员赔偿保险金。旅行社怠于请求的，受害的旅游者、导游或者领队人员有权就其应获赔偿部分直接向保险公司请求赔偿保险金。

第二十一条　保险公司收到赔偿保险金的请求和相关证明、资料后，应当及时做出核定；情形复杂的，应当在 30 日内作出核定，但合同另有约定的除外。保险公司应当将核定结果通知旅行社以及受害的旅游者、导游、领队人员；对属于保险责任的，在与旅行社达成赔偿保险金的协议后 10 日内，履行赔偿保险金义务。

第二十二条　因抢救受伤人员需要保险公司先行赔偿保险金用于支付抢救费用的，保险公司在接到旅行社或者受害的旅游者、导游、领队人员通知后，经核对属于保险责任的，可以在责任限额内先向医疗机构支付必要的费用。

第二十三条　因第三者损害而造成保险事故的，保险公司自直接赔偿保险金或者先行支付抢救费用之日起，在赔偿、支付金额范围内代位行使对第三者请求赔偿的权利。旅行社以及受害的旅游者、导游或者领队人员应当向保险公司提供必要的文件和所知道的有关情况。

第二十四条 旅行社与保险公司对赔偿有争议的，可以按照双方的约定申请仲裁，或者依法向人民法院提起诉讼。

第二十五条 保险公司的工作人员对当事人的个人隐私应当保密。

第四章 监 督 检 查

第二十六条 县级以上旅游行政管理部门依法对旅行社投保旅行社责任保险情况实施监督检查。

第二十七条 中国保监会及其派出机构依法对保险公司开展旅行社责任保险业务实施监督管理。

第五章 罚 则

第二十八条 违反本办法第十二条、第十六条、第十八条的规定，旅行社解除保险合同但未同时订立新的保险合同，保险合同期满前未及时续保，或者人身伤亡责任限额低于 20 万元人民币的，由县级以上旅游行政管理部门依照《旅行社条例》第四十九条的规定处罚。

第二十九条 保险公司经营旅行社责任保险，违反有关保险条款和保险费率管理规定的，由中国保监会或者其派出机构依照《中华人民共和国保险法》和中国保监会的有关规定予以处罚。

第三十条 保险公司拒绝或者妨碍依法检查监督的，由中国保监会或者其派出机构依照《中华人民共和国保险法》的有关规定予以处罚。

第六章 附 则

第三十一条 本办法由国家旅游局和中国保监会负责解释。

第三十二条 本办法自 2011 年 2 月 1 日起施行。国家旅游局 2001 年 5 月 15 日发布的《旅行社投保旅行社责任保险规定》同时废止。

中华人民共和国旅游法

第一章 总 则

第一条 为保障旅游者和旅游经营者的合法权益，规范旅游市场秩序，保护和合理利用旅游资源，促进旅游业持续健康发展，制定本法。

第二条 在中华人民共和国境内的和在中华人民共和国境内组织到境外的游览、度假、休闲等形式的旅游活动以及为旅游活动提供相关服务的经营活动，适用本法。

第三条 国家发展旅游事业，完善旅游公共服务，依法保护旅游者在旅游活动中的权利。

第四条 旅游业发展应当遵循社会效益、经济效益和生态效益相统一的原则。国家鼓励各类市场主体在有效保护旅游资源的前提下，依法合理利用旅游资源。利用公共资源建设的游览场所应当体现公益性质。

第五条 国家倡导健康、文明、环保的旅游方式，支持和鼓励各类社会机构开展旅游公益宣传，对促进旅游业发展做出突出贡献的单位和个人给予奖励。

第六条 国家建立健全旅游服务标准和市场规则，禁止行业垄断和地区垄断。旅游经营者应当诚信经营，公平竞争，承担社会责任，为旅游者提供安全、健康、卫生、方便的旅游服务。

第七条 国务院建立健全旅游综合协调机制，对旅游业发展进行综合协调。

县级以上地方人民政府应当加强对旅游工作的组织和领导，明确相关部门或者机构，对本行政区域的旅游业发展和监督管理进行统筹协调。

第八条 依法成立的旅游行业组织，实行自律管理。

第二章 旅 游 者

第九条 旅游者有权自主选择旅游产品和服务，有权拒绝旅游经营者的强制交易行为。旅游者有权知悉其购买的旅游产品和服务的真实情况。

旅游者有权要求旅游经营者按照约定提供产品和服务。

第十条 旅游者的人格尊严、民族风俗习惯和宗教信仰应当得到尊重。

第十一条 残疾人、老年人、未成年人等旅游者在旅游活动中依照法律、法规和有关规定享受便利和优惠。

第十二条　旅游者在人身、财产安全遇有危险时，有请求救助和保护的权利。

旅游者人身、财产受到侵害的，有依法获得赔偿的权利。

第十三条　旅游者在旅游活动中应当遵守社会公共秩序和社会公德，尊重当地的风俗习惯、文化传统和宗教信仰，爱护旅游资源，保护生态环境，遵守旅游文明行为规范。

第十四条　旅游者在旅游活动中或者在解决纠纷时，不得损害当地居民的合法权益，不得干扰他人的旅游活动，不得损害旅游经营者和旅游从业人员的合法权益。

第十五条　旅游者购买、接受旅游服务时，应当向旅游经营者如实告知与旅游活动相关的个人健康信息，遵守旅游活动中的安全警示规定。

旅游者对国家应对重大突发事件暂时限制旅游活动的措施以及有关部门、机构或者旅游经营者采取的安全防范和应急处置措施，应当予以配合。

旅游者违反安全警示规定，或者对国家应对重大突发事件暂时限制旅游活动的措施、安全防范和应急处置措施不予配合的，依法承担相应责任。

第十六条　出境旅游者不得在境外非法滞留，随团出境的旅游者不得擅自分团、脱团。

入境旅游者不得在境内非法滞留，随团入境的旅游者不得擅自分团、脱团。

第三章　旅游规划和促进

第十七条　国务院和县级以上地方人民政府应当将旅游业发展纳入国民经济和社会发展规划。

国务院和省、自治区、直辖市人民政府以及旅游资源丰富的设区的市和县级人民政府，应当按照国民经济和社会发展规划的要求，组织编制旅游发展规划。对跨行政区域且适宜进行整体利用的旅游资源进行利用时，应当由上级人民政府组织编制或者由相关地方人民政府协商编制统一的旅游发展规划。

第十八条　旅游发展规划应当包括旅游业发展的总体要求和发展目标，旅游资源保护和利用的要求和措施，以及旅游产品开发、旅游服务质量提升、旅游文化建设、旅游形象推广、旅游基础设施和公共服务设施建设的要求和促进措施等内容。

根据旅游发展规划，县级以上地方人民政府可以编制重点旅游资源开发利用的专项规划，对特定区域内的旅游项目、设施和服务功能配套提出专门要求。

第十九条　旅游发展规划应当与土地利用总体规划、城乡规划、环境保护规划以及其他自然资源和文物等人文资源的保护和利用规划相衔接。

第二十条　各级人民政府编制土地利用总体规划、城乡规划，应当充分考虑相关旅游项目、设施的空间布局和建设用地要求。规划和建设交通、通信、供水、供电、环保等基础设施和公共服务设施，应当兼顾旅游业发展的需要。

第二十一条　对自然资源和文物等人文资源进行旅游利用，必须严格遵守有关法律、法规的规定，符合资源、生态保护和文物安全的要求，尊重和维护当地传统文化和习俗，维护资源的区域整体性、文化代表性和地域特殊性，并考虑军事设施保护的需要。有关主管部门应当加强对资源保护和旅游利用状况的监督检查。

第二十二条　各级人民政府应当组织对本级政府编制的旅游发展规划的执行情况进行评估，并向社会公布。

第二十三条　国务院和县级以上地方人民政府应当制定并组织实施有利于旅游业持续健

康发展的产业政策，推进旅游休闲体系建设，采取措施推动区域旅游合作，鼓励跨区域旅游线路和产品开发，促进旅游与工业、农业、商业、文化、卫生、体育、科教等领域的融合，扶持少数民族地区、革命老区、边远地区和贫困地区旅游业发展。

第二十四条　国务院和县级以上地方人民政府应当根据实际情况安排资金，加强旅游基础设施建设、旅游公共服务和旅游形象推广。

第二十五条　国家制定并实施旅游形象推广战略。国务院旅游主管部门统筹组织国家旅游形象的境外推广工作，建立旅游形象推广机构和网络，开展旅游国际合作与交流。

县级以上地方人民政府统筹组织本地的旅游形象推广工作。

第二十六条　国务院旅游主管部门和县级以上地方人民政府应当根据需要建立旅游公共信息和咨询平台，无偿向旅游者提供旅游景区、线路、交通、气象、住宿、安全、医疗急救等必要信息和咨询服务。设区的市和县级人民政府有关部门应当根据需要在交通枢纽、商业中心和旅游者集中场所设置旅游咨询中心，在景区和通往主要景区的道路设置旅游指示标识。

旅游资源丰富的设区的市和县级人民政府可以根据本地的实际情况，建立旅游客运专线或者游客中转站，为旅游者在城市及周边旅游提供服务。

第二十七条　国家鼓励和支持发展旅游职业教育和培训，提高旅游从业人员素质。

第四章　旅游经营

第二十八条　设立旅行社，招徕、组织、接待旅游者，为其提供旅游服务，应当具备下列条件，取得旅游主管部门的许可，依法办理工商登记：

（一）有固定的经营场所；

（二）有必要的营业设施；

（三）有符合规定的注册资本；

（四）有必要的经营管理人员和导游；

（五）法律、行政法规规定的其他条件。

第二十九条　旅行社可以经营下列业务：

（一）境内旅游；

（二）出境旅游；

（三）边境旅游；

（四）入境旅游；

（五）其他旅游业务。

旅行社经营前款第二项和第三项业务，应当取得相应的业务经营许可，具体条件由国务院规定。

第三十条　旅行社不得出租、出借旅行社业务经营许可证，或者以其他形式非法转让旅行社业务经营许可。

第三十一条　旅行社应当按照规定交纳旅游服务质量保证金，用于旅游者权益损害赔偿和垫付旅游者人身安全遇有危险时紧急救助的费用。

第三十二条　旅行社为招徕、组织旅游者发布信息，必须真实、准确，不得进行虚假宣传，误导旅游者。

第三十三条　旅行社及其从业人员组织、接待旅游者，不得安排参观或者参与违反我国法律、法规和社会公德的项目或者活动。

第三十四条 旅行社组织旅游活动应当向合格的供应商订购产品和服务。

第三十五条 旅行社不得以不合理的低价组织旅游活动，诱骗旅游者，并通过安排购物或者另行付费旅游项目获取回扣等不正当利益。

旅行社组织、接待旅游者，不得指定具体购物场所，不得安排另行付费旅游项目。但是，经双方协商一致或者旅游者要求，且不影响其他旅游者行程安排的除外。

发生违反前两款规定情形的，旅游者有权在旅游行程结束后三十日内，要求旅行社为其办理退货并先行垫付退货货款，或者退还另行付费旅游项目的费用。

第三十六条 旅行社组织团队出境旅游或者组织、接待团队入境旅游，应当按照规定安排领队或者导游全程陪同。

第三十七条 参加导游资格考试成绩合格，与旅行社订立劳动合同或者在相关旅游行业组织注册的人员，可以申请取得导游证。

第三十八条 旅行社应当与其聘用的导游依法订立劳动合同，支付劳动报酬，缴纳社会保险费用。

旅行社临时聘用导游为旅游者提供服务的，应当全额向导游支付本法第六十条第三款规定的导游服务费用。

旅行社安排导游为团队旅游提供服务的，不得要求导游垫付或者向导游收取任何费用。

第三十九条 取得导游证，具有相应的学历、语言能力和旅游从业经历，并与旅行社订立劳动合同的人员，可以申请取得领队证。

第四十条 导游和领队为旅游者提供服务必须接受旅行社委派，不得私自承揽导游和领队业务。

第四十一条 导游和领队从事业务活动，应当佩戴导游证、领队证，遵守职业道德，尊重旅游者的风俗习惯和宗教信仰，应当向旅游者告知和解释旅游文明行为规范，引导旅游者健康、文明旅游，劝阻旅游者违反社会公德的行为。

导游和领队应当严格执行旅游行程安排，不得擅自变更旅游行程或者中止服务活动，不得向旅游者索取小费，不得诱导、欺骗、强迫或者变相强迫旅游者购物或者参加另行付费旅游项目。

第四十二条 景区开放应当具备下列条件，并听取旅游主管部门的意见：

（一）有必要的旅游配套服务和辅助设施；

（二）有必要的安全设施及制度，经过安全风险评估，满足安全条件；

（三）有必要的环境保护设施和生态保护措施；

（四）法律、行政法规规定的其他条件。

第四十三条 利用公共资源建设的景区的门票以及景区内的游览场所、交通工具等另行收费项目，实行政府定价或者政府指导价，严格控制价格上涨。拟收费或者提高价格的，应当举行听证会，征求旅游者、经营者和有关方面的意见，论证其必要性、可行性。

利用公共资源建设的景区，不得通过增加另行收费项目等方式变相涨价；另行收费项目已收回投资成本的，应当相应降低价格或者取消收费。

公益性的城市公园、博物馆、纪念馆等，除重点文物保护单位和珍贵文物收藏单位外，应当逐步免费开放。

第四十四条　景区应当在醒目位置公示门票价格、另行收费项目的价格及团体收费价格。景区提高门票价格应当提前六个月公布。

将不同景区的门票或者同一景区内不同游览场所的门票合并出售的，合并后的价格不得高于各单项门票的价格之和，且旅游者有权选择购买其中的单项票。

景区内的核心游览项目因故暂停向旅游者开放或者停止提供服务的，应当公示并相应减少收费。

第四十五条　景区接待旅游者不得超过景区主管部门核定的最大承载量。景区应当公布景区主管部门核定的最大承载量，制定和实施旅游者流量控制方案，并可以采取门票预约等方式，对景区接待旅游者的数量进行控制。

旅游者数量可能达到最大承载量时，景区应当提前公告并同时向当地人民政府报告，景区和当地人民政府应当及时采取疏导、分流等措施。

第四十六条　城镇和乡村居民利用自有住宅或者其他条件依法从事旅游经营，其管理办法由省、自治区、直辖市制定。

第四十七条　经营高空、高速、水上、潜水、探险等高风险旅游项目，应当按照国家有关规定取得经营许可。

第四十八条　通过网络经营旅行社业务的，应当依法取得旅行社业务经营许可，并在其网站主页的显著位置标明其业务经营许可证信息。

发布旅游经营信息的网站，应当保证其信息真实、准确。

第四十九条　为旅游者提供交通、住宿、餐饮、娱乐等服务的经营者，应当符合法律、法规规定的要求，按照合同约定履行义务。

第五十条　旅游经营者应当保证其提供的商品和服务符合保障人身、财产安全的要求。

旅游经营者取得相关质量标准等级的，其设施和服务不得低于相应标准；未取得质量标准等级的，不得使用相关质量等级的称谓和标识。

第五十一条　旅游经营者销售、购买商品或者服务，不得给予或者收受贿赂。

第五十二条　旅游经营者对其在经营活动中知悉的旅游者个人信息，应当予以保密。

第五十三条　从事道路旅游客运的经营者应当遵守道路客运安全管理的各项制度，并在车辆显著位置明示道路旅游客运专用标识，在车厢内显著位置公示经营者和驾驶人信息、道路运输管理机构监督电话等事项。

第五十四条　景区、住宿经营者将其部分经营项目或者场地交由他人从事住宿、餐饮、购物、游览、娱乐、旅游交通等经营的，应当对实际经营者的经营行为给旅游者造成的损害承担连带责任。

第五十五条　旅游经营者组织、接待出入境旅游，发现旅游者从事违法活动或者有违反本法第十六条规定情形的，应当及时向公安机关、旅游主管部门或者我国驻外机构报告。

第五十六条　国家根据旅游活动的风险程度，对旅行社、住宿、旅游交通以及本法第四十七条规定的高风险旅游项目等经营者实施责任保险制度。

第五章　旅游服务合同

第五十七条　旅行社组织和安排旅游活动，应当与旅游者订立合同。

第五十八条　包价旅游合同应当采用书面形式，包括下列内容：

（一）旅行社、旅游者的基本信息；

（二）旅游行程安排；

（三）旅游团成团的最低人数；

（四）交通、住宿、餐饮等旅游服务安排和标准；

（五）游览、娱乐等项目的具体内容和时间；

（六）自由活动时间安排；

（七）旅游费用及其交纳的期限和方式；

（八）违约责任和解决纠纷的方式；

（九）法律、法规规定和双方约定的其他事项。

订立包价旅游合同时，旅行社应当向旅游者详细说明前款第二项至第八项所载内容。

第五十九条 旅行社应当在旅游行程开始前向旅游者提供旅游行程单。旅游行程单是包价旅游合同的组成部分。

第六十条 旅行社委托其他旅行社代理销售包价旅游产品并与旅游者订立包价旅游合同的，应当在包价旅游合同中载明委托社和代理社的基本信息。

旅行社依照本法规定将包价旅游合同中的接待业务委托给地接社履行的，应当在包价旅游合同中载明地接社的基本信息。

安排导游为旅游者提供服务的，应当在包价旅游合同中载明导游服务费用。

第六十一条 旅行社应当提示参加团队旅游的旅游者按照规定投保人身意外伤害保险。

第六十二条 订立包价旅游合同时，旅行社应当向旅游者告知下列事项：

（一）旅游者不适合参加旅游活动的情形；

（二）旅游活动中的安全注意事项；

（三）旅行社依法可以减免责任的信息；

（四）旅游者应当注意的旅游目的地相关法律、法规和风俗习惯、宗教禁忌，依照中国法律不宜参加的活动等；

（五）法律、法规规定的其他应当告知的事项。

在包价旅游合同履行中，遇有前款规定事项的，旅行社也应当告知旅游者。

第六十三条 旅行社招徕旅游者组团旅游，因未达到约定人数不能出团的，组团社可以解除合同。但是，境内旅游应当至少提前七日通知旅游者，出境旅游应当至少提前三十日通知旅游者。

因未达到约定人数不能出团的，组团社经征得旅游者书面同意，可以委托其他旅行社履行合同。组团社对旅游者承担责任，受委托的旅行社对组团社承担责任。旅游者不同意的，可以解除合同。

因未达到约定的成团人数解除合同的，组团社应当向旅游者退还已收取的全部费用。

第六十四条 旅游行程开始前，旅游者可以将包价旅游合同中自身的权利义务转让给第三人，旅行社没有正当理由的不得拒绝，因此增加的费用由旅游者和第三人承担。

第六十五条 旅游行程结束前，旅游者解除合同的，组团社应当在扣除必要的费用后，将余款退还旅游者。

第六十六条 旅游者有下列情形之一的，旅行社可以解除合同：

（一）患有传染病等疾病，可能危害其他旅游者健康和安全的；

（二）携带危害公共安全的物品且不同意交有关部门处理的；

（三）从事违法或者违反社会公德的活动的；

（四）从事严重影响其他旅游者权益的活动，且不听劝阻、不能制止的；

（五）法律规定的其他情形。

因前款规定情形解除合同的，组团社应当在扣除必要的费用后，将余款退还旅游者；给旅行社造成损失的，旅游者应当依法承担赔偿责任。

第六十七条 因不可抗力或者旅行社、履行辅助人已尽合理注意义务仍不能避免的事件，影响旅游行程的，按照下列情形处理：

（一）合同不能继续履行的，旅行社和旅游者均可以解除合同。合同不能完全履行的，旅行社经向旅游者作出说明，可以在合理范围内变更合同；旅游者不同意变更的，可以解除合同。

（二）合同解除的，组团社应当在扣除已向地接社或者履行辅助人支付且不可退还的费用后，将余款退还旅游者；合同变更的，因此增加的费用由旅游者承担，减少的费用退还旅游者。

（三）危及旅游者人身、财产安全的，旅行社应当采取相应的安全措施，因此支出的费用，由旅行社与旅游者分担。

（四）造成旅游者滞留的，旅行社应当采取相应的安置措施。因此增加的食宿费用，由旅游者承担；增加的返程费用，由旅行社与旅游者分担。

第六十八条 旅游行程中解除合同的，旅行社应当协助旅游者返回出发地或者旅游者指定的合理地点。由于旅行社或者履行辅助人的原因导致合同解除的，返程费用由旅行社承担。

第六十九条 旅行社应当按照包价旅游合同的约定履行义务，不得擅自变更旅游行程安排。

经旅游者同意，旅行社将包价旅游合同中的接待业务委托给其他具有相应资质的地接社履行的，应当与地接社订立书面委托合同，约定双方的权利和义务，向地接社提供与旅游者订立的包价旅游合同的副本，并向地接社支付不低于接待和服务成本的费用。地接社应当按照包价旅游合同和委托合同提供服务。

第七十条 旅行社不履行包价旅游合同义务或者履行合同义务不符合约定的，应当依法承担继续履行、采取补救措施或者赔偿损失等违约责任；造成旅游者人身损害、财产损失的，应当依法承担赔偿责任。旅行社具备履行条件，经旅游者要求仍拒绝履行合同，造成旅游者人身损害、滞留等严重后果的，旅游者还可以要求旅行社支付旅游费用一倍以上三倍以下的赔偿金。

由于旅游者自身原因导致包价旅游合同不能履行或者不能按照约定履行，或者造成旅游者人身损害、财产损失的，旅行社不承担责任。

在旅游者自行安排活动期间，旅行社未尽到安全提示、救助义务的，应当对旅游者的人身损害、财产损失承担相应责任。

第七十一条 由于地接社、履行辅助人的原因导致违约的，由组团社承担责任；组团社承担责任后可以向地接社、履行辅助人追偿。

由于地接社、履行辅助人的原因造成旅游者人身损害、财产损失的，旅游者可以要求地接社、履行辅助人承担赔偿责任，也可以要求组团社承担赔偿责任；组团社承担责任后可以向地接社、履行辅助人追偿。但是，由于公共交通经营者的原因造成旅游者人身损害、财产损失的，由公共交通经营者依法承担赔偿责任，旅行社应当协助旅游者向公共交通经营者索赔。

第七十二条　旅游者在旅游活动中或者在解决纠纷时，损害旅行社、履行辅助人、旅游从业人员或者其他旅游者的合法权益的，依法承担赔偿责任。

第七十三条　旅行社根据旅游者的具体要求安排旅游行程，与旅游者订立包价旅游合同的，旅游者请求变更旅游行程安排，因此增加的费用由旅游者承担，减少的费用退还旅游者。

第七十四条　旅行社接受旅游者的委托，为其代订交通、住宿、餐饮、游览、娱乐等旅游服务，收取代办费用的，应当亲自处理委托事务。因旅行社的过错给旅游者造成损失的，旅行社应当承担赔偿责任。

旅行社接受旅游者的委托，为其提供旅游行程设计、旅游信息咨询等服务的，应当保证设计合理、可行，信息及时、准确。

第七十五条　住宿经营者应当按照旅游服务合同的约定为团队旅游者提供住宿服务。住宿经营者未能按照旅游服务合同提供服务的，应当为旅游者提供不低于原定标准的住宿服务，因此增加的费用由住宿经营者承担；但由于不可抗力、政府因公共利益需要采取措施造成不能提供服务的，住宿经营者应当协助安排旅游者住宿。

第六章　旅游安全

第七十六条　县级以上人民政府统一负责旅游安全工作。县级以上人民政府有关部门依照法律、法规履行旅游安全监管职责。

第七十七条　国家建立旅游目的地安全风险提示制度。旅游目的地安全风险提示的级别划分和实施程序，由国务院旅游主管部门会同有关部门制定。

县级以上人民政府及其有关部门应当将旅游安全作为突发事件监测和评估的重要内容。

第七十八条　县级以上人民政府应当依法将旅游应急管理纳入政府应急管理体系，制定应急预案，建立旅游突发事件应对机制。

突发事件发生后，当地人民政府及其有关部门和机构应当采取措施开展救援，并协助旅游者返回出发地或者旅游者指定的合理地点。

第七十九条　旅游经营者应当严格执行安全生产管理和消防安全管理的法律、法规和国家标准、行业标准，具备相应的安全生产条件，制定旅游者安全保护制度和应急预案。

旅游经营者应当对直接为旅游者提供服务的从业人员开展经常性应急救助技能培训，对提供的产品和服务进行安全检验、监测和评估，采取必要措施防止危害发生。

旅游经营者组织、接待老年人、未成年人、残疾人等旅游者，应当采取相应的安全保障措施。

第八十条　旅游经营者应当就旅游活动中的下列事项，以明示的方式事先向旅游者作（做）出说明或者警示：

（一）正确使用相关设施、设备的方法；

（二）必要的安全防范和应急措施；

（三）未向旅游者开放的经营、服务场所和设施、设备；

（四）不适宜参加相关活动的群体；

（五）可能危及旅游者人身、财产安全的其他情形。

第八十一条　突发事件或者旅游安全事故发生后，旅游经营者应当立即采取必要的救助和处置措施，依法履行报告义务，并对旅游者作出妥善安排。

第八十二条　旅游者在人身、财产安全遇有危险时，有权请求旅游经营者、当地政府和相关机构进行及时救助。

中国出境旅游者在境外陷于困境时，有权请求我国驻当地机构在其职责范围内给予协助和保护。

旅游者接受相关组织或者机构的救助后，应当支付应由个人承担的费用。

第七章　旅游监督管理

第八十三条　县级以上人民政府旅游主管部门和有关部门依照本法和有关法律、法规的规定，在各自职责范围内对旅游市场实施监督管理。

县级以上人民政府应当组织旅游主管部门、有关主管部门和工商行政管理、产品质量监督、交通等执法部门对相关旅游经营行为实施监督检查。

第八十四条　旅游主管部门履行监督管理职责，不得违反法律、行政法规的规定向监督管理对象收取费用。

旅游主管部门及其工作人员不得参与任何形式的旅游经营活动。

第八十五条　县级以上人民政府旅游主管部门有权对下列事项实施监督检查：

（一）经营旅行社业务以及从事导游、领队服务是否取得经营、执业许可；

（二）旅行社的经营行为；

（三）导游和领队等旅游从业人员的服务行为；

（四）法律、法规规定的其他事项。

旅游主管部门依照前款规定实施监督检查，可以对涉嫌违法的合同、票据、账簿以及其他资料进行查阅、复制。

第八十六条　旅游主管部门和有关部门依法实施监督检查，其监督检查人员不得少于二人，并应当出示合法证件。监督检查人员少于二人或者未出示合法证件的，被检查单位和个人有权拒绝。

监督检查人员对在监督检查中知悉的被检查单位的商业秘密和个人信息应当依法保密。

第八十七条　对依法实施的监督检查，有关单位和个人应当配合，如实说明情况并提供文件、资料，不得拒绝、阻碍和隐瞒。

第八十八条　县级以上人民政府旅游主管部门和有关部门，在履行监督检查职责中或者在处理举报、投诉时，发现违反本法规定行为的，应当依法及时作出处理；对不属于本部门职责范围的事项，应当及时书面通知并移交有关部门查处。

第八十九条　县级以上地方人民政府建立旅游违法行为查处信息的共享机制，对需要跨部门、跨地区联合查处的违法行为，应当进行督办。

旅游主管部门和有关部门应当按照各自职责，及时向社会公布监督检查的情况。

第九十条　依法成立的旅游行业组织依照法律、行政法规和章程的规定，制定行业经营规范和服务标准，对其会员的经营行为和服务质量进行自律管理，组织开展职业道德教育和业务培训，提高从业人员素质。

第八章　旅游纠纷处理

第九十一条　县级以上人民政府应当指定或者设立统一的旅游投诉受理机构。受理机构接到投诉，应当及时进行处理或者移交有关部门处理，并告知投诉者。

第九十二条　旅游者与旅游经营者发生纠纷，可以通过下列途径解决：

（一）双方协商；

（二）向消费者协会、旅游投诉受理机构或者有关调解组织申请调解；

（三）根据与旅游经营者达成的仲裁协议提请仲裁机构仲裁；

（四）向人民法院提起诉讼。

第九十三条　消费者协会、旅游投诉受理机构和有关调解组织在双方自愿的基础上，依法对旅游者与旅游经营者之间的纠纷进行调解。

第九十四条　旅游者与旅游经营者发生纠纷，旅游者一方人数众多并有共同请求的，可以推选代表人参加协商、调解、仲裁、诉讼活动。

第九章　法律责任

第九十五条　违反本法规定，未经许可经营旅行社业务的，由旅游主管部门或者工商行政管理部门责令改正，没收违法所得，并处一万元以上十万元以下罚款；违法所得十万元以上的，并处违法所得一倍以上五倍以下罚款；对有关责任人员，处二千元以上二万元以下罚款。

旅行社违反本法规定，未经许可经营本法第二十九条第一款第二项、第三项业务，或者出租、出借旅行社业务经营许可证，或者以其他方式非法转让旅行社业务经营许可的，除依照前款规定处罚外，并责令停业整顿；情节严重的，吊销旅行社业务经营许可证；对直接负责的主管人员，处二千元以上二万元以下罚款。

第九十六条　旅行社违反本法规定，有下列行为之一的，由旅游主管部门责令改正，没收违法所得，并处五千元以上五万元以下罚款；情节严重的，责令停业整顿或者吊销旅行社业务经营许可证；对直接负责的主管人员和其他直接责任人员，处二千元以上二万元以下罚款：

（一）未按照规定为出境或者入境团队旅游安排领队或者导游全程陪同的；

（二）安排未取得导游证或者领队证的人员提供导游或者领队服务的；

（三）未向临时聘用的导游支付导游服务费用的；

（四）要求导游垫付或者向导游收取费用的。

第九十七条　旅行社违反本法规定，有下列行为之一的，由旅游主管部门或者有关部门责令改正，没收违法所得，并处五千元以上五万元以下罚款；违法所得五万元以上的，并处违法所得一倍以上五倍以下罚款；情节严重的，责令停业整顿或者吊销旅行社业务经营许可证；对直接负责的主管人员和其他直接责任人员，处二千元以上二万元以下罚款：

（一）进行虚假宣传，误导旅游者的；

（二）向不合格的供应商订购产品和服务的；

（三）未按照规定投保旅行社责任保险的。

第九十八条　旅行社违反本法第三十五条规定的，由旅游主管部门责令改正，没收违法所得，责令停业整顿，并处三万元以上三十万元以下罚款；违法所得三十万元以上的，并处违法所得一倍以上五倍以下罚款；情节严重的，吊销旅行社业务经营许可证；对直接负责的主管人员和其他直接责任人员，没收违法所得，处二千元以上二万元以下罚款，并暂扣或者吊销导游证、领队证。

第九十九条 旅行社未履行本法第五十五条规定的报告义务的，由旅游主管部门处五千元以上五万元以下罚款；情节严重的，责令停业整顿或者吊销旅行社业务经营许可证；对直接负责的主管人员和其他直接责任人员，处二千元以上二万元以下罚款，并暂扣或者吊销导游证、领队证。

第一百条 旅行社违反本法规定，有下列行为之一的，由旅游主管部门责令改正，处三万元以上三十万元以下罚款，并责令停业整顿；造成旅游者滞留等严重后果的，吊销旅行社业务经营许可证；对直接负责的主管人员和其他直接责任人员，处二千元以上二万元以下罚款，并暂扣或者吊销导游证、领队证：

（一）在旅游行程中擅自变更旅游行程安排，严重损害旅游者权益的；

（二）拒绝履行合同的；

（三）未征得旅游者书面同意，委托其他旅行社履行包价旅游合同的。

第一百零一条 旅行社违反本法规定，安排旅游者参观或者参与违反我国法律、法规和社会公德的项目或者活动的，由旅游主管部门责令改正，没收违法所得，责令停业整顿，并处二万元以上二十万元以下罚款；情节严重的，吊销旅行社业务经营许可证；对直接负责的主管人员和其他直接责任人员，处二千元以上二万元以下罚款，并暂扣或者吊销导游证、领队证。

第一百零二条 违反本法规定，未取得导游证或者领队证从事导游、领队活动的，由旅游主管部门责令改正，没收违法所得，并处一千元以上一万元以下罚款，予以公告。

导游、领队违反本法规定，私自承揽业务的，由旅游主管部门责令改正，没收违法所得，处一千元以上一万元以下罚款，并暂扣或者吊销导游证、领队证。

导游、领队违反本法规定，向旅游者索取小费的，由旅游主管部门责令退还，处一千元以上一万元以下罚款；情节严重的，并暂扣或者吊销导游证、领队证。

第一百零三条 违反本法规定被吊销导游证、领队证的导游、领队和受到吊销旅行社业务经营许可证处罚的旅行社的有关管理人员，自处罚之日起未逾三年的，不得重新申请导游证、领队证或者从事旅行社业务。

第一百零四条 旅游经营者违反本法规定，给予或者收受贿赂的，由工商行政管理部门依照有关法律、法规的规定处罚；情节严重的，并由旅游主管部门吊销旅行社业务经营许可证。

第一百零五条 景区不符合本法规定的开放条件而接待旅游者的，由景区主管部门责令停业整顿直至符合开放条件，并处二万元以上二十万元以下罚款。

景区在旅游者数量可能达到最大承载量时，未依照本法规定公告或者未向当地人民政府报告，未及时采取疏导、分流等措施，或者超过最大承载量接待旅游者的，由景区主管部门责令改正，情节严重的，责令停业整顿一个月至六个月。

第一百零六条 景区违反本法规定，擅自提高门票或者另行收费项目的价格，或者有其他价格违法行为的，由有关主管部门依照有关法律、法规的规定处罚。

第一百零七条 旅游经营者违反有关安全生产管理和消防安全管理的法律、法规或者国家标准、行业标准的，由有关主管部门依照有关法律、法规的规定处罚。

第一百零八条 对违反本法规定的旅游经营者及其从业人员，旅游主管部门和有关部门应当记入信用档案，向社会公布。

第一百零九条 旅游主管部门和有关部门的工作人员在履行监督管理职责中，滥用职权、玩忽职守、徇私舞弊，尚不构成犯罪的，依法给予处分。

第一百一十条 违反本法规定，构成犯罪的，依法追究刑事责任。

第十章 附 则

第一百一十一条 本法下列用语的含义：

（一）旅游经营者，是指旅行社、景区以及为旅游者提供交通、住宿、餐饮、购物、娱乐等服务的经营者。

（二）景区，是指为旅游者提供游览服务、有明确的管理界限的场所或者区域。

（三）包价旅游合同，是指旅行社预先安排行程，提供或者通过履行辅助人提供交通、住宿、餐饮、游览、导游或者领队等两项以上旅游服务，旅游者以总价支付旅游费用的合同。

（四）组团社，是指与旅游者订立包价旅游合同的旅行社。

（五）地接社，是指接受组团社委托，在目的地接待旅游者的旅行社。

（六）履行辅助人，是指与旅行社存在合同关系，协助其履行包价旅游合同义务，实际提供相关服务的法人或者自然人。

第一百一十二条 本法自 2013 年 10 月 1 日起施行。

附录H

旅行社等级划分与评定

（DB11/T 393—2012）

范围

本标准规定了旅行社等级的基本要求、划分、标识、评定与管理。

本标准适用于在北京市行政区域内注册的各类旅行社的等级划分与评定。

术语和定义

GB/T 16766—2010 界定的以及下列术语和定义适用于本标准。为了便于使用，以下重复列出了 GB/T 16766—2010 中的某些术语和定义。

旅行社（travel agency）

依法取得许可，从事招徕、组织、接待旅游者等活动，为旅游者提供相关旅游服务，开展国内、入境或出境旅游业务的企业。

改写 GB/T 16766—2010，定义 7.1。

旅行社产品（tour product）

旅行社向旅游者销售的以旅游吸引物、旅游设施和策划安排为主要构成的旅游线路或项目，以及附着其上的配套服务，包括各种形式的包价旅游线路、自由行线路和单项委托服务等。

［GB/T 16766—2010，定义 7.3］

出境旅游业务（outbound travel）

旅行社招徕和组织中国公民出国旅游，内地居民赴香港特别行政区、澳门特别行政区和大陆居民赴台湾地区旅游，以及招徕、组织、接待在中国内地的外国人、在内地的香港特别行政区、澳门特别行政区居民和在大陆的台湾地区居民出境旅游的业务。

入境旅游业务（inbound travel）

旅行社招徕、组织、接待外国旅游者来我国旅游，香港特别行政区、澳门特别行政区旅游者来内地旅游，台湾地区居民来大陆旅游，以及招徕、组织、接待在中国内地的外国人，在内地的香港特别行政区、澳门特别行政区居民和在大陆的台湾地区居民在境内旅游的业务。

国内旅游业务（domestic tour）

旅行社招徕、组织和接待中国内地居民在境内旅游的业务。

导游员（tour guide）

依法取得许可，接受旅行社委派，为旅游者提供向导、讲解以及相关服务的人员。

领队（tour escort, tour leader, tour manager）

依法取得许可，接受具有出境旅游业务经营权旅行社的委派，为出境旅游者提供境外向导、讲解及相关服务的人员。

1 总则

① 参评企业应具备独立法人资格，品牌加盟和代理机构不得使用其等级标识。

② 评定遵循企业自愿申请、评审公平公开、等级动态管理的原则。

③ 旅行社注册设立并营业 2 年后方可参加等级评定。

④ 已获得等级的旅行社，在评定满 2 年后方可申请更高等级。

⑤ 等级标识使用有效期为 6 年。

2 等级划分与标识

① 旅行社分为三个等级，以英文字母 A 为符号来表示，用三个 A 表示 3A 级，四个 A 表示 4A 级，五个 A 表示 5A 级，A 的数量越多表示等级越高。

② 附录 H.1 给出了各等级旅行社应具备的必备条件，只有在必备条件全部达标后，才能进入附录表 H.2、H.3、H.4 的评分程序。

③ 附录 H.2 给出了旅行社等级划分与评定的评分细则，满分为 1 000 分。

④ 附录 H.3 给出了旅行社服务质量暗访制度及评分表，满分为 60 分。

⑤ 附录 H.4 给出了旅行社服务质量顾客调查表，满分为 150 分。

⑥ 各个等级的旅行社需达到附录 H.1 的各项必备条件要求，以及附录 H.2、附录 H.3 和附录 H.4 的相应分值要求后，才能获得相应的等级。各个等级表示方法和达标分数见表 H–1。

表 H–1　等级划分

等级	5A	4A	3A
标识	AAAAA	AAAA	AAA
附录 H.2 达标分数	800	650	500
附录 H.3 达标分数	55	50	—
附录 H.4 达标分数	130	120	110

3 等级的评定与管理

（1）评定组织

① 旅行社等级评定工作由旅行社等级评定委员会统筹负责，其责任是制订等级评定的实施办法、检查细则和检查员的选择、确定和派遣。旅行社等级评定委员会下设办公室负责日常工作。

② 旅行社等级评定委员会由旅游行政管理部门、标准化管理部门、旅游行业协会的有关人员和受聘的独立专家等组成。

③ 旅行社等级评定检查员由旅行社等级评定委员会聘任。

（2）申请与受理

① 旅行社申请等级，应按照旅行社等级评定委员会发布的实施办法递交申请材料。申请材料包括：旅行社等级申请报告，自查自评情况说明，会计师事务所出具的相关财务审计报告，以及其他必要的文字、图片和音像资料等证明材料。

② 接到旅行社等级申请后，旅行社等级评定委员会办公室于 30 个工作日内做出是否同意受理的答复。

③ 提供虚假材料者一经查实将不予受理，且此后 3 年内不再受理该旅行社的申请。

（3）评审

① 受理申请报告后，旅行社等级评定委员会应选派至少 2 名检查员，在 30 个工作日内以明查和暗访的方式进行现场评审，并形成检查报告，检查报告的主要内容包括：企业达标情况、违规及事故情况、投诉处理情况等。

② 现场评审结果分为通过和不通过。

（4）评定

① 旅行社等级评定委员会每年召开 2 次专家评审会，对旅行社等级进行评定并公布结果。

② 评审通过的旅行社，旅行社等级评定委员会应授予相应的等级标识和证书。

③ 评审不通过的旅行社，旅行社等级评定委员会应予以告知并说明理由。

④ 评审不通过的旅行社自收到正式通知之日起 1 年以内不得再次申报等级评定。

（5）复核

① 复核工作每 2 年 1 次，由旅行社对照本标准及附录 A 和附录 B 自查自纠，并将结果报旅行社等级评定委员会，由旅行社等级评定委员会以明查或暗访的方式进行抽查。

② 复核达不到本标准相应等级规定的旅行社，根据情节轻重给予签发限期改正通知书、降低或取消等级的处理；接到限期改正通知书的旅行社逾期未整改或整改后未达标者，降低或取消其等级，并向社会公布。

③ 复核降低或取消等级的旅行社，自降低或取消等级之日起 1 年之后方可再次申请等级评定。

④ 旅行社接到限期改正通知书或降低等级的通知后，必须认真整改并在规定期限内将整改情况向旅行社等级评定委员会报告。

（6）撤销

① 旅行社经营过程中若发生重大责任事故或在业内有重大影响的案件，经评定委员会审查认定后，所属等级不再有效，由旅行社等级评定委员会撤销其等级并予以公示，相应等级标识不应继续使用。

② 被撤销等级的旅行社 2 年内不得申报等级评定。

（7）标识管理

① 旅行社等级的标牌、证书和证书副本由旅行社等级评定委员会统一制作、核发。

② 旅行社等级标牌应置于旅行社主要营业场所的明显位置。

③ 提升、降低或取消等级的旅行社，应立即将原等级标识和证书交还旅行社等级评定委员会。

附录 H.1：（规范性附录）旅行社等级划分与评定必备条件检查表，如表 H–2、表 H–3、表 H–4 所示。

表 H–2　3A 旅行社必备条件检查表

序号	项　　目	是否达标
1	基 本 条 件	
1.1	注册设立并营业 2 年及以上	
1.2	近 2 年均参加并通过工商年检	
2	营 业 条 件	
2.1	有与旅行社规模和等级相适应的独立产权或租赁的营业场所，营业场所的使用面积总和不低于 100 m²	
2.2	旅行社营业场所有功能分区，有规范的中英文引导指示牌，设有咨询与接待设施，设有顾客休息等待区域	
2.3	营业场所提供本社的服务项目宣传品、旅游线路价目表、与本社业务有关的旅游目的地介绍和旅游交通图、主要交通工具时刻表以及由旅游行政管理部门指定发放的宣传品，以备顾客查阅	
2.4	接待人员（这里的接待人员是指旅行社安排的，专门接待咨询、报名或预订参加旅游活动的顾客的服务人员，后同）统一着装上岗，并佩戴企业标识或岗位标牌	
2.5	有电话、传真、互联网等通讯工具，顾客可以通过电话、传真、电子邮件等方式向旅行社咨询和预订旅行社产品	
3	服 务 项 目	
3.1	提供普通话和 2 种主要外语（如英语、日语、韩语、德语、法语、俄语、西班牙语、葡萄牙语、阿拉伯语、泰语等）的导游服务	
3.2	提供 2 种及以上旅游交通票务代理服务	
3.3	提供住宿、餐饮、娱乐、景区门票、购物、演出票务、接送站、签证、邮寄、行李托运等 2 种以上委托代办服务	
3.4	提供常规旅游团队、散客的旅游线路、自由行等预订与接待服务	
3.5	有投诉受理机制，设旅游投诉电话，并向顾客明示	
4	人 力 资 源 管 理	
4.1	制定并执行业务培训制度以及管理培训制度，且有固定的培训经费预算保证，旅行社职员按照要求参加由旅游行政管理部门举办的培训活动，并通过考核	
4.2	有职业设计制度和薪酬福利制度	
4.3	旅行社总经理应有 2 年及以上旅行社管理经验	
4.4	部门经理以上的管理人员具有大学本科及以上学历者所占比例不低于 40%	
4.5	应与导游员签订劳动合同，提供基本工资和法律规定的社会保险	
5	财 务 管 理	
	至少有 1 名具有初级及以上级别职称和 1 名具有中级及以上级别职称的财务人员	
6	营 销 管 理	
6.1	企业应有数字化办公系统、客户档案库、企业形象识别系统	
6.2	旅行社设立的从事旅游业务的非独立法人机构应与总部实行联网销售，并实行"统一管理、统一财务、统一招徕、统一接待"制度	

序号	项 目	是否达标
7	安全和危机管理	
7.1	有安全管理制度和机构，有紧急救援服务部门和预案	
7.2	有重大事项报告制度	
7.3	有危机事件处理预案，具备危机事件处理机制，并有培训记录	
7.4	近1年未出现重大安全责任事故，近1年未发生在业内有重大影响的案件或造成恶劣社会影响的群体性纠纷	
8	商业信用和社会声誉	
8.1	制定并执行周期性的顾客意见反馈制度	
8.2	近2年中，旅游行政管理部门每年接到对该旅行社的有效投诉不超过当年组织和接待人次的万分之二	
8.3	与供应商和同业客户签订合同，并按约定的期限和付款条件履约	
8.4	与旅游者签订旅游合同	
8.5	近1年内未受到旅游行政管理部门的行政处罚	
总体是否达标结论		

表H-3 4A旅行社必备条件检查表

序号	项 目	是否达标
1	基 本 条 件	
1.1	注册设立并营业3年及以上	
1.2	近3年均参加并通过工商年检	
1.3	有国际或国内二级以上域名的独立网站	
1.4	近2年年平均组织和接待旅游者6万人天及以上	
1.5	近2年年平均营业收入6 000万元人民币及以上	
1.6	近2年年平均毛利润总额800万元人民币及以上（毛利，下同）	
2	营 业 条 件	
2.1	有与旅行社规模和等级相适应的独立产权或租赁的营业场所，营业场所的使用面积总和不低于600 m²	
2.2	旅行社营业场所有明显的功能分区，有规范的中英文引导指示牌，设有咨询与接待设施，设有顾客休息等待区域	
2.3	营业场所提供本社的服务项目宣传品、旅游线路价目表、与本社业务有关的旅游目的地介绍和旅游交通图、主要交通工具时刻表以及由旅游行政管理部门指定发放的宣传品，以备顾客查阅	
2.4	接待人员统一着装上岗，并佩戴企业标识和岗位标牌，且不同岗位应有明显区别	
2.5	接待人员在工作日和节假日每天以普通话和1种及以上外语向顾客提供咨询、接待、签订合同、付款等服务，且服务时间不少于8 h（注：服务网点营业时间，后同）	
2.6	有电话、传真、互联网等通信工具，顾客可以通过电话、传真、电子邮件等方式向旅行社咨询和预订旅行社产品	
3	服 务 项 目	
3.1	提供普通话和3种及以上外语（如英语、日语、韩语、德语、法语、俄语、西班牙语、葡萄牙语、阿拉伯语、泰语等）的导游服务	

续表

序号	项　目	是否达标
3.2	提供 2 种及以上旅游交通票务代理服务	
3.3	提供住宿、餐饮、娱乐、景区门票、购物、演出票务、接送站、签证、邮寄、行李托运等 5 种及以上委托代办服务	
3.4	提供常规旅游团队、散客的旅游线路、自由行等预订与接待服务	
3.5	提供按照顾客要求而定制的旅游团队、散客的旅游线路预订与接待服务	
3.6	有专门的部门或人员提供紧急救援服务，或者与有关国际救援组织签订合作协议	
3.7	有投诉受理机制，有 16 h 的旅游投诉电话，并向顾客明示	
4	人力资源管理	
4.1	制定并执行业务培训制度以及管理培训制度，且有固定的培训经费预算保证，旅行社职员按照要求参加由旅游行政管理部门举办的培训活动，并通过考核	
4.2	有职业设计制度和薪酬福利制度	
4.3	有员工手册和岗位职责说明书	
4.4	负责旅行社运营的高级管理人员有平均 5 年及以上旅行社管理经验	
4.5	管理人员中具有大学本科及以上学历者所占比例不低于 60%	
4.6	应与不少于 10 名导游员签订劳动合同，或与 15 名及以上导游员签订稳定的兼职用工协议，为签订劳动合同的导游员提供基本工资和法律规定的社会保险	
5	财　务　管　理	
5.1	至少有 2 名具有中级及以上级别职称的财务人员	
5.2	具有财务分析制度，建立并执行坏账准备金制度	
5.3	具有业务人员能够及时付款、按时报账的管理制度	
6	营　销　管　理	
6.1	企业应有网上预订系统、信息管理系统、数字化办公系统、客户档案库	
6.2	拥有本旅行社的企业形象识别系统，并在所有全资、绝对控股和相对控股的子公司、分公司和服务网点统一使用	
6.3	旅行社设立的从事旅游业务的非独立法人机构应与总部实行联网销售，并实行"统一管理、统一财务、统一招徕、统一接待"制度	
6.4	建立销售渠道管理制度，顾客可以通过电话、传真、电子邮件等方式向旅行社预订旅行社产品	
6.5	拥有 2 项及以上自主产品品牌（指旅行社自行设计和开发并经过注册的在市场上具有一定品牌影响力的旅游产品体系或专项旅游线路，后同），近 2 年每年推出新线路或专项旅行社产品	
7	安全与危机管理	
7.1	有安全管理制度和机构，有紧急救援服务部门和预案	
7.2	有重大事项报告制度	
7.3	有危机事件处理预案，具备危机事件处理机制，并有培训记录	
7.4	近 2 年未出现重大安全责任事故，近 2 年未发生在业内有重大影响的案件或造成恶劣社会影响的群体性纠纷	
8	商业信用和社会声誉	
8.1	制定并执行周期性的顾客意见反馈制度，对顾客反馈信息和处理结果有详实的记录	
8.2	近 2 年中，旅游行政管理部门每年接到对该旅行社的有效投诉不超过当年组织和接待人次的万分之一	

序号	项　目	是否达标
8.3	与供应商和同业客户签订合同，并按约定的期限和付款条件履约	
8.4	与旅游者签订旅游合同	
8.5	近 2 年每年参加 2 项及以上社会公益活动	
8.6	近 2 年内未受到旅游行政管理部门的行政处罚	
	总体是否达标结论	

表 H-4　5A 旅行社必备条件检查表

序号	项　目	是否达标
1	基 本 条 件	
1.1	注册设立并营业 5 年及以上	
1.2	近 5 年均参加并通过工商年检	
1.3	有国际或国内二级以上域名的独立网站	
1.4	近 2 年年平均组织和接待旅游者 30 万人天及以上	
1.5	近 2 年年平均营业收入 2 亿元人民币及以上	
1.6	近 2 年年平均毛利润总额 2 000 万元人民币及以上	
2	营 业 条 件	
2.1	有与本社规模和等级相适应的独立产权或租赁的营业场所，营业场所的使用面积总和不低于 3 000 m²	
2.2	旅行社营业场所功能分区明显，形象标识统一，各功能区有醒目、规范的中英文引导指示牌，引导符号符合 GB/T 10001 的相关要求，设有咨询与接待设施并能较好满足高峰期需求	
2.3	营业区域设有顾客休息等待场所，并提供必要的饮水、阅读、信息查询等设备或物品	
2.4	营业场所提供本社的服务项目宣传品、旅游线路价目表、与本社业务有关的旅游目的地介绍和旅游交通图、主要交通工具时刻表以及由旅游行政管理部门指定发放的宣传品，以备顾客查阅	
2.5	有供顾客使用的旅游电子信息查询系统，提供本社的旅游线路和委托代办服务的产品介绍和价格、交通时刻表、旅游目的地主要景点信息	
2.6	接待人员、导游员统一着装上岗，并佩戴企业标识和岗位标牌，不同岗位标牌应有明显区别	
2.7	接待人员在工作日和节假日每天以普通话和 1 种及以上外语向顾客提供咨询、接待、签订合同、付款等项服务，且服务时间不少于 10 h	
2.8	外联接待人员在工作日和节假日每天以普通话和至少 2 种外语向旅游批发商和旅游代理商客户提供咨询、接待、签订合同、付款等项服务，且服务时间不少于 8 h	
2.9	有电话、传真、互联网等通信工具，顾客可以通过电话、传真、电子邮件等方式向旅行社咨询和预订旅行社产品	
3	服 务 项 目	
3.1	提供普通话和 5 种及以上主要外语（如英语、日语、韩语、德语、法语、俄语、西班牙语、葡萄牙语、阿拉伯语、泰语等）的导游服务	
3.2	提供包括飞机、火车、汽车、游船、客轮等 5 种及以上旅游交通代理服务	
3.3	提供住宿、餐饮、娱乐、景区门票、购物、演出票务、接送站、签证、邮寄、行李托运等 10 种及以上委托代办服务	
3.4	提供常规旅游团队、散客的旅游线路、自由行等预订与接待服务	

序号	项 目	是否达标
3.5	提供按照顾客要求而定制的旅游团队、散客的旅游线路预订与接待服务	
3.6	提供会议、奖励、展览、教育等专项旅游服务	
3.7	有投诉受理机制,设有 24 h 的旅游投诉电话,并向顾客明示	
4	人力资源管理	
4.1	制定并执行业务培训制度以及管理培训制度,且有固定的培训经费预算保证,旅行社职员按照要求参加由旅游行政管理部门举办的培训活动,并通过考核	
4.2	有职业设计制度和薪酬福利制度	
4.3	具有完整的员工手册、服务和专业技术人员岗位职责说明书,部门化运作规范	
4.4	负责旅行社运营的高级管理人员有平均 8 年及以上旅行社管理经验,且无政府部门认定的不良记录	
4.5	管理人员中具有大学本科及以上学历者所占比例不低于 80%	
4.6	应与不少于 20 名的导游员签订劳动合同,提供基本工资和法律规定的社会保险	
4.7	高级管理人员近 2 年无行政处罚记录和不良信用记录	
5	财 务 管 理	
5.1	至少有 5 名具有中级及以上职称的财务人员,或至少有 5 名具有 10 年及以上旅行社从业经验的财务人员,其中至少 1 名有中国注册会计师证或 1 名有注册税务师证	
5.2	具有业务人员能够及时付款、按时报账的管理制度	
5.3	建立并执行坏账准备金制度	
5.4	具有财务分析制度和定期的财务审计制度,并有完好记录	
6	营 销 管 理	
6.1	企业应有网上预订系统、信息管理系统和客户关系管理系统,并与预订系统互联互通、有经营数据库	
6.2	拥有本旅行社的企业形象识别系统,并在所有全资、绝对控股和相对控股的子公司、分公司和服务网点统一使用	
6.3	旅行社设立的从事旅游业务的非独立法人机构应与总部实行联网销售,并实行"统一管理、统一财务、统一招徕、统一接待"制度	
6.4	有咨询和预订电话(只收取基本通话费)	
6.5	经营出入境业务的旅行社建立基于互联网的销售渠道管理制度,与国际旅游分销预订系统互联互通	
6.6	拥有 5 项及以上自主产品品牌,具备吸收其他旅行社品牌加盟的能力	
6.7	旅行社每年均有自主开发的创新产品	
7	安全与危机管理	
7.1	有安全管理制度和机构,有紧急救援服务部门和预案	
7.2	有重大事项报告制度	
7.3	有危机事件处理预案,具备危机事件处理机制,并有培训记录	
7.4	近 3 年未出现重大安全责任事故,近 3 年未发生在业内有重大影响的案件或造成恶劣社会影响的群体性纠纷	
8	商业信用和社会声誉	
8.1	制定并执行周期性顾客意见反馈制度,由专门的部门或人员负责顾客回访,对顾客反馈信息和处理结果等有详实的记录	

序号	项　　目	是否达标
8.2	近 2 年中，市旅行社服务质量监督管理所每年收到对该旅行社的有效投诉不超过当年组织和接待人次的五万分之一	
8.3	与供应商和同业客户签订合同，并按约定的期限和付款条件履约	
8.4	与旅游者签订旅游合同	
8.5	近 3 年每年参加 3 项及以上社会公益活动	
8.6	近 3 年内未受到旅游行政管理部门的行政处罚	
	总体是否达标结论	

附录 H.2：（规范性附录）旅行社等级划分与评定评分细则，如表 H–5 所示。

表 H–5　旅行社等级划分与评定评分细则

项目	评 分 标 准	大项分值栏	分项分值栏	次分项分值栏	小项分值栏	计分	计分栏
1　基本条件		135					
1.1　旅行社规模	查阅会计师事务所验资报告		30				
1.1.1　注册资本				5			
	经营出境旅游业务：≥3 000 万元或经营国内和入境旅游业务：≥1 000 万元				5		
	经营出境旅游业务：1 000 万元～3 000 万元或经营国内和入境旅游业务：500 万～1 000 万元				3		
	经营出境旅游业务：500 万～1 000 万元或经营国内和入境旅游业务：200 万～500 万元				2		
1.1.2　固定资产				10			
	经营出境旅游业务：≥2 000 万元或经营国内和入境旅游业务：≥1 000 万元				10		
	经营出境旅游业务：1 000 万～2 000 万元或经营国内和入境旅游业务：500 万～1 000 万元				7		
	经营出境旅游业务：500 万～1 000 万元或经营国内和入境旅游业务：200 万～500 万元				5		
1.1.3　流动资产				10			
	经营出境旅游业务：≥3 000 万元或经营国内和入境旅游业务：≥1 000 万元				10		
	经营出境旅游业务：2 000 万～3 000 万元或经营国内和入境旅游业务：500 万～1 000 万元				7		
	经营出境旅游业务：1 000 万～2 000 万元或经营国内和入境旅游业务：200 万～500 万元				5		
1.1.4　员工人数				5			
	经营出境旅游业务：≥200 人或经营国内和入境旅游业务：≥100 人				5		
	经营出境旅游业务：120～200 人或经营国内和入境旅游业务：60～100 人				3		
	经营出境旅游业务：60～120 人或经营国内和入境旅游业务：30～60 人				2		
1.2　企业章程	有规范的企业章程		5				
1.3　开业时间	查阅营业执照		5				
	注册设立并营业 5 年以上（含 5 年）				5		
	注册设立并营业 3 年至 5 年（含 3 年）				3		
	注册设立并营业 2 年至 3 年（含 2 年）				2		

项目		评 分 标 准	大项分值栏	分项分值栏	次分项分值栏	小项分值栏	计分	计分栏
1.4	经营网络	查阅相关证明文件，暗访		30				
1.4.1	境外经营网络				5			
		在境外有全资公司				5		
		在境外有控股公司				3		
		在境外有参股公司				2		
1.4.2	境内子公司				10			
		拥有 15 家以上全资或控股旅行社（含 15 家）				10		
		拥有 10 至 14 家全资或控股旅行社				7		
		拥有 5 至 9 家全资或控股旅行社				4		
		拥有 1 至 4 家全资或控股旅行社				2		
1.4.3	境内旅行社分社				5			
		拥有 10 家以上分社（含 10 家）				5		
		拥有 5 至 9 家分社				3		
		拥有 1 至 4 家分社				2		
1.4.4	服务网点				5			
		在北京拥有 50 个以上旅行社服务网点（含 50 个）				5		
		在北京拥有 30 至 49 个旅行社服务网点				3		
		在北京拥有 10 至 29 个旅行社服务网点				2		
1.4.5	网站年访问量				5			
		年访问量≥300 万				5		
		200 万～300 万				3		
		100 万～200 万				2		
		≤100 万				1		
1.5	年检	查阅年检材料		5				
		最近 5 年每年通过工商年检				5		
		最近 3 年每年通过工商年检				3		
		最近 2 年每年通过工商年检				2		
1.6	参加行业组织	查阅相关证明文件		15				
1.6.1	参加国内组织	北京市旅游行业协会会员、中国旅行社协会会员各 5 分			10			
1.6.2	参加国际组织				5			
		加入 3 家以上（含）国际旅游与旅行服务组织				5		

项目	评 分 标 准	大项分值栏	分项分值栏	次分项分值栏	小项分值栏	计分	计分栏
	加入 2 家国际旅游与旅行服务组织				3		
	加入 1 家国际旅游与旅行服务组织				2		
1.7 业务量	核查近两年年平均业务量		15				
1.7.1 入境旅游	组织和接待入境旅游者人天			5			
	≥50 万人天				5		
	20 万～50 万人天				3		
	10 万～20 万人天				2		
1.7.2 国内旅游	组织和接待国内旅游者人天			5			
	≥30 万人天				5		
	15 万～30 万人天				3		
	8 万～15 万人天				2		
1.7.3 出境旅游	组织出境旅游者人天（不经营出境旅游的旅行社此项不得分）			5			
	≥30 万人天				5		
	15 万人天≤出境旅游组织人天<30 万人天				3		
	5 万人天≤出境旅游组织人天<15 万人天				2		
1.8 营业收入	核查近两年年平均旅游业务营业收入		10				
	经营出境旅游业务：≥10 亿元或经营国内和入境旅游业务：≥5 亿元				10		
	经营出境旅游业务：5 亿～10 亿元或经营国内和入境旅游业务：2 亿～5 亿元				7		
	经营出境旅游业务：2 亿～5 亿元或经营国内和入境旅游业务：5 000 万元～2 亿元				5		
1.9 利润总额	核查近两年年平均毛利润总额		10				
	经营出境旅游业务：≥5 000 万元或经营国内和入境旅游业务：≥2 000 万元				10		
	经营出境旅游业务：2 500 万～5 000 万元或经营国内和入境旅游业务：1000 万～2 000 万元				7		
	经营出境旅游业务：1 000 万～2 500 万元或经营国内和入境旅游业务：500 万～1 000 万元				5		
1.10 实缴税金	核查近两年年平均实缴税金		10				
	经营出境旅游业务：≥1 000 万元或经营国内和入境旅游业务：≥500 万元				10		
	经营出境旅游业务：500 万～1 000 万元或经营国内和入境旅游业务：200 万～500 万元				7		

续表

项　目	评　分　标　准	大项分值栏	分项分值栏	次分项分值栏	小项分值栏	计分	计分栏
	经营出境旅游业务：200 万～500 万元或经营国内和入境旅游业务：100 万～200 万元				5		
2　营业场所条件	查阅证明材料，暗访	100					
2.1　产权关系			5				
	完全产权				5		
	租赁期限为 2 年				2		
	租赁期限为 1 年				1		
2.2　使用面积			10				
	营业场所的使用面积总和不低于 3 000 m²				10		
	营业场所的使用面积总和不低于 600 m²				7		
	营业场所的使用面积总和不低于 200 m²				5		
2.3　功能分区	营业场所内有明显的功能分区，整洁，明亮，物品放置有序		5				
2.4　引导标牌	服务区域有醒目、准确、美观的中英文或其他语种引导标牌		5				
2.5　咨询与接待区域	交流空间舒适，使用面积与接待坐席数能满足高峰期需求		5				
2.6　信息资料提供	服务项目宣传品、旅游线路价目表、与本社业务有关的旅游目的地介绍、与本社业务有关的旅游交通图、交通工具时刻表、旅游行政管理部门指定发放的宣传品等，一项 2 分，少于 3 项不得分		10				
2.7　电子查询系统	有供顾客使用的旅游电子信息查询系统，查询操作简单便捷		5				
2.8　顾客休息等待区			12				
	为顾客提供适量休息座椅			4			
	为顾客提供饮用水			4			
	为顾客提供阅读或者视听材料			4			
2.9　人员着装			9				
2.9.1　接待人员着装				5			
	接待人员统一着装上岗，佩戴企业标识和岗位标牌，不同岗位标牌有明显区别				5		
	接待人员统一着装上岗，佩戴企业标识和岗位标牌				3		
2.9.2　导游员着装	导游员统一着装上岗			4			
2.10　服务时间			9				

续表

项目	评 分 标 准	大项分值栏	分项分值栏	次分项分值栏	小项分值栏	计分	计分栏
2.10.1 假日服务	法定节假日照常提供服务			4			
2.10.2 服务时段				5			
	营业时间至 20:00				5		
	营业时间至 19:00				3		
	营业时间至 18:00				2		
2.11 接待服务语种			5				
	提供 2 种以上（含 2 种）外语及普通话服务				5		
	提供 1 种外语及普通话服务				3		
	只提供普通话服务				1		
2.12 服务礼仪			20				
2.12.1	有员工服务礼仪规范			5			
2.12.2	员工主动与顾客打招呼，询问需求，提供帮助			5			
2.12.3	员工服务时使用礼貌用语，态度热情			5			
2.12.4	员工在顾客能够看到、听到的区域保持工作状态，不扎堆打闹，不谈论与工作无关的事情，不接听私人电话			5			
3 服务项目	查阅证明材料，暗访	100					
3.1 导游服务			10				
	提供普通话、10 种以上（含 10 种）外语导游服务				10		
	提供普通话、5～9 种外语的导游服务				8		
	提供普通话、2～4 种外语的导游服务				5		
3.2 交通代理	提供飞机、火车、汽车、游船、客轮等旅游交通代理服务，每项 2 分，低于 2 项不得分，共 10 分		10				
3.3 委托代办	提供住宿、餐饮、娱乐、景区门票、购物、演出票务、接送站、签证、邮寄、行李托运等委托代办服务，每项 2 分，低于 2 项不得分，共 20 分		20				
3.4 常规服务	提供旅游团队、散客的旅游线路、自由行等预订与接待服务		5				
3.5 定制服务			10				
3.5.1 团队	提供定制的旅游团队旅游线路预订与接待服务			5			
3.5.2 散客	提供定制的散客旅游线路预订与接待服务			5			
3.6 专项旅游	提供会议、奖励、展览、教育等专项旅游服务，每项 3 分，累计不超过 10 分		10				

项目		评 分 标 准	大项分值栏	分项分值栏	次分项分值栏	小项分值栏	计分	计分栏
3.7	标准管理体系	建立标准管理体系并经过外部（政府或第三方）认证		10				
3.8	投诉受理			25				
3.8.1	制度	有投诉受理机制和流程，有专人负责接待和处理			5			
3.8.2	处理时限	普通投诉当日给答复，重大投诉 5 个工作日内给答复			5			
3.8.3	投诉电话				5			
		有 24 h 固定旅游投诉电话，电话号码在店内醒目位置公示，并在合同文本及产品宣传册中注明				5		
		有 16 h 固定旅游投诉电话，电话号码在店内醒目位置公示，并在合同文本及产品宣传册中注明				3		
		有 12 h 固定旅游投诉电话，电话号码在店内醒目位置公示，并在合同文本及产品宣传册中注明				2		
3.8.4	投诉受理渠道	信件、电话、电子邮件			5			
3.8.5	投诉档案	有投诉受理记录、调查、结论和分析档案			5			
4	人力资源管理		100					
4.1	部门	有独立的人力资源管理部门		5				
4.2	培训	只培训无考核制度不得分		26				
4.2.1	培训制度	有新员工、淡季、日常培训和考核制度，1 项 3 分，共 9 分			9			
4.2.2	培训内容	有员工职业技能、职业道德、政策与法规等培训和考核制度，1 项培训 4 分，只培训无考核制度不得分，共 12 分			12			
4.2.3	外部培训	中高级管理人员参加旅游行政管理部门举办的培训活动			5			
4.3	职业设计	有适合企业前景和员工发展的职业设计制度		5				
4.4	薪酬制度			29				
4.4.1		建立公平、公正、具有竞争性的员工薪酬制度，如薪酬水平与职务、个人绩效、团队绩效、企业绩效等关联，1 项 2 分			8			
4.4.2		建立有效的员工激励机制，如薪酬激励、职务晋升激励、员工评优激励、员工福利激励等，每项 4 分，共 16 分			16			
4.4.3		建立完善的员工保障机制，正式员工均有"五险一金"			5			
4.5	员工手册			5				

续表

项目	评 分 标 准	大项分值栏	分项分值栏	次分项分值栏	小项分值栏	计分	计分栏
	有完整的员工手册、服务和专业技术人员岗位职责说明书、部门化运作规范				5		
	有员工手册和岗位职责说明书				3		
	有员工手册				2		
4.6 管理人员资历			5				
	旅行社运营高级管理人员有 8 年及以上旅行社管理经验				5		
	旅行社运营高级管理人员有 5~8 年旅行社管理经验				3		
	旅行社运营高级管理人员有 3~5 年旅行社管理经验				2		
4.7 管理人员学历			5				
	80%及以上的管理人员具有大学本科及以上学历				5		
	60%~79%的管理人员具有大学本科及以上学历				3		
	40%~59%的管理人员具有大学本科及以上学历				2		
4.8 导游员聘用			15				
4.8.1 劳动合同				10			
	与不少于 20 名专职导游员签订劳动合同,并提供基本工资和法律规定的社会保险				10		
	与 10 名至 19 名专职导游员签订劳动合同,并提供基本工资和法律规定的社会保险				7		
	与 1 名至 9 名专职导游员签订劳动合同,并提供基本工资和法律规定的社会保险				5		
4.8.2 用工协议				5			
	与 15 名及以上导游员签订用工协议				5		
	与 10 名至 14 名导游员签订用工协议				3		
	与 5 名至 9 名导游员签订用工协议				2		
4.9 管理人员信用	高级管理人员近 2 年无行政处罚记录和不良信用记录		5				
5 财务管理		45					
5.1 管理部门	有独立的财务部门		5				
5.2 财务人员			10				
5.2.1 从业时间				5			
	拥有 5 名及以上从业 10 年及以上的财务人员				5		
	拥有 2 名及以上从业 5 年及以上的财务人员				3		

项目	评 分 标 准	大项分值栏	分项分值栏	次分项分值栏	小项分值栏	计分	计分栏
	拥有 2 名及以上从业 3 年及以上的财务人员				2		
5.2.2　资格				5			
	有注册会计师证的财务人员不少于 1 名,有注册税务师证的财务人员不少于 1 名				5		
	有注册会计师证的财务人员 1 名或者注册税务师证的财务人员不少于 1 名				3		
5.3　报账及时性				5			
	以旅游团队、散客为单位受理报账				5		
	以月份为单位受理报账				3		
5.4　坏账控制				15			
5.4.1	有坏账准备制度			5			
5.4.2	有应收账款催收制度			5			
5.4.3	坏账损失率低于 3%			5			
5.5　财务分析	具有财务分析制度			5			
5.6　财务审计	具有定期的财务审计制度			5			
6　营销管理	查阅制度文本、产品宣传手册、广告内容、相关文字资料	150					
6.1　营销渠道			70				
6.1.1　人员渠道	有专门业务人员负责团队、散客、专项旅游线路(包括自由行)的销售,每项 5 分,共 15 分			15			
6.1.2　电话渠道				5			
	有 24 h 开通的咨询和预订电话				5		
	有咨询和预订电话				3		
6.1.3　网络渠道	有企业自建产品信息与销售网站、企业自建门户网站、传递经营数据的内联网,每项 5 分,共 15 分			15			
6.1.4　第三方渠道				10			
	加入第三方计算机预订系统及支付系统				10		
	加入第三方网站				7		
	有固定下游分销渠道				5		
6.1.5　呼叫中心	有一定数量的主被叫分摊业务或被叫集中付费业务电话(400 或 800 电话),有客户关系管理系统(CRM)并有效运转			10			
6.1.6　电子商务席位				10			
	≥50				10		

项目	评 分 标 准	大项分值栏	分项分值栏	次分项分值栏	小项分值栏	计分	计分栏
	30～49				7		
	10～29				5		
6.1.7 销售控制	有完善的总部销售控制制度			5			
6.2 广告与促销			30				
6.2.1 内容	有旅行社名称、许可证号、旅游线路、时间、项目、价格、委托代理业务应明确注明被代理旅行社名称等，内容真实，没有虚假、误导性用语，无超出经营范围等内容			10			
6.2.2 执行机构				5			
	有专门机构负责				5		
	各业务部门有专人负责				3		
6.2.3 计划	有详尽、可操作性强的年度计划和单项计划			5			
6.2.4 经费				5			
	每年按照一定比例从营业收入中提取广告与促销经费				5		
	每年有固定数额广告与促销经费				3		
	每年按需提取广告与促销经费				2		
6.2.5 效果监测	有广告与促销效果监测制度			5			
6.3 公共关系			20				
6.3.1 执行机构				5			
	有专门机构负责				5		
	各业务部门有专人负责				3		
6.3.2 公关计划	有详尽、可操作性较强的年度计划和单项计划			5			
6.3.3 公关经费				5			
	每年按照一定比例从营业收入中提取公关活动经费				5		
	每年有固定数额公关活动经费				3		
	每年按需提取公关活动经费				2		
6.3.4 公关关系监测	有公共关系监测制度			5			
6.4 客户服务	客户指旅行社有消费记录，并能够保持联系的消费者，既包括企业，也包括个人		10				
6.4.1 客户调查制度				5			
	有定期进行客户情况调查制度				5		
	不定期进行客户情况调查				3		

项目	评 分 标 准	大项分值栏	分项分值栏	次分项分值栏	小项分值栏	计分	计分栏
6.4.2　客户关系管理	建立会员俱乐部、会员积分制度等，鼓励重复消费			5			
6.5　经营数据库管理			20				
6.5.1　数据库系统				10			
	应用客户数据库计算机应用软件				10		
	利用计算机办公软件自建客户数据库				7		
	有完整客户消费记录（非数据库形式）				5		
6.5.2　数据录入	在岗位职责中明确客户数据录入责任			5			
6.5.3　数据使用	有客户消费数据分析制度和保密制度			5			
7　安全与危机管理		55					
7.1　安全管理			25				
7.1.1	设置安全监控机构			5			
7.1.2	有紧急救援服务部门和预案			5			
7.1.3	与有关国际救援组织签订合作协议			5			
7.1.4	协助客人购买其他保险险种			5			
7.1.5	近五年未出现重大安全事故			5			
7.2　危机管理			30				
7.2.1	有危机事件处理预案和机制			5			
7.2.2	有危机事件认定标准			5			
7.2.3	有明确的负责人			5			
7.2.4	有危机事件处理步骤			5			
7.2.5	有媒体公关预案			5			
7.2.6	有能力在 24 h 内做出反应			5			
8　商业信用和社会信誉	查阅合同文本、账目往来记录、文字资料	80					
8.1　顾客意见反馈			15				
8.1.1	制定并执行顾客意见反馈制度			5			
8.1.2	由专职部门或人员负责顾客回访			5			
8.1.3	对顾客反馈信息有详实的记录			5			
8.2　有效投诉			10				
	近 2 年中，市旅行社服务质量监督管理所每年收到对该旅行社的有效投诉不超过组织和接待人数的五万分之一				10		

项目	评 分 标 准	大项分值栏	分项分值栏	次分项分值栏	小项分值栏	计分	计分栏
	近 2 年中，市旅行社服务质量监督管理所每年收到对该旅行社的有效投诉不超过组织和接待人数的万分之一				7		
	近 2 年中，市旅行社服务质量监督管理所每年收到对该旅行社的有效投诉不超过组织和接待人数的万分之二				5		
8.3　与供应商关系			15				
8.3.1	与供应商签订采购合同			5			
8.3.2	能够按约定的期限和付款条件履约			5			
8.3.3	定期进行供应商满意度评价			5			
8.4　与同业关系	与同业客户签订合同，并能够按照约定提供服务			5			
8.5　旅游合同	与顾客签订旅游合同，并能够按照约定提供服务			5			
8.6　公益活动			10				
	近 2 年每年参加 5 项及以上社会公益活动				10		
	近 2 年每年参加 2～4 项社会公益活动				6		
	近 2 年每年参加 1 项社会公益活动				4		
8.7　社会影响			5				
	近 5 年未出现造成恶劣社会影响的群体纠纷				5		
	近 2 年未出现造成恶劣社会影响的群体纠纷				3		
	近 1 年未出现造成恶劣社会影响的群体纠纷				2		
8.8　社会评价			15				
8.8.1　受到奖励情况	近 2 年获得国家级荣誉每个 5 分，省部级荣誉每个 3 分，累计不超过 10 分				10		
8.8.2　受到处罚情况				5			
	近 5 年内未受过行政处罚				5		
	近 2 年内未受过行政处罚				3		
	近 1 年内未受过行政处罚				2		
9　产品创新	查阅制度文本、产品宣传手册和广告、相关文字资料等	95					
9.1　产品研发组织			25				
9.1.1　产品研发机构				8			
	有专门机构负责产品研发				8		
	各业务部门有专门职位负责产品研发				5		
9.1.2　产品研发计划				7			

项目	评分标准	大项分值栏	分项分值栏	次分项分值栏	小项分值栏	计分	计分栏
	旅行社有完整的 5 年以上（含 5 年）产品研发规划				7		
	旅行社有完整的年度产品研发计划				4		
9.1.3 产品研发经费				10			
	每年按照一定比例从营业收入中提取产品研发经费				10		
	每年有固定数额产品研发经费				7		
	每年按需提取产品研发经费				5		
9.2 新产品创意来源			20				
9.2.1 旅游者	有定期或不定期进行旅游者调查的制度，征求旅游者建议；有旅游者创意邮箱地址、客服电话和接待人员			5			
9.2.2 竞争者	有竞争者产品信息收集和分析制度			5			
9.2.3 合作者	能够根据合作者要求开发新产品			5			
9.2.4 员工	定期或不定期召开服务部门员工会议，征求员工建议；设立员工建议箱、电子邮箱等渠道；建立员工建议奖励制度等			5			
9.3 旅游目的地创新	指城镇级的目的地		10				
	近 2 年新增了不少于 20 个境内外旅游目的地				10		
	近 2 年新增了 10 至 19 个境内外旅游目的地				7		
	近 2 年新增了 5 至 9 个境内外旅游目的地				5		
9.4 旅游线路创新			20				
	近 2 年开发完全创新旅游线路不少于 5 条				20		
	近 2 年开发完全创新旅游线路 3 至 4 条				14		
	近 2 年开发完全创新旅游线路 1 至 2 条				7		
9.5 专项产品创新			10				
	近 1 年成功组织旅游新专项产品不少于 10 项				10		
	近 1 年成功组织旅游新专项产品 6 至 9 项				7		
	近 1 年成功组织旅游新专项产品 3 至 5 项				5		
9.6 单项服务创新	包括具体服务项目，如新增 3 家餐厅（包括境外餐厅）的订餐服务，算作 3 项		10				
	近 1 年新增单项服务不少于 20 项				10		
	近 1 年新增单项服务 15 至 19 项				7		
	近 1 年新增单项服务 10 至 14 项				5		

续表

项目	评 分 标 准	大项分值栏	分项分值栏	次分项分值栏	小项分值栏	计分	计分栏
10　企业品牌建设		40					
10.1　企业品牌			10				
10.1.1　注册商标	有企业注册商标			5			
10.1.2　企业品牌	有企业品牌			5			
10.2　产品品牌			10				
10.2.1　系列品牌	有产品系列品牌			5			
10.2.2　单项产品品牌	有单项产品品牌			5			
10.3　品牌使用			10				
10.3.1　企业形象建设	用于企业形象建设			5			
10.3.2　产品宣传促销	用于产品宣传促销			5			
10.4　品牌推广			10				
10.4.1　品牌推广部门	有专门品牌推广部门			5			
10.4.2　年度宣传计划	有年度宣传目标、活动、年度预算、结果监测和媒体选择			5			
11　企业形象建设	检查文件以及查问实施效果	60					
11.1　企业形象系统			39				
11.1.1　视觉形象	有旅行社社徽、旗帜、统一名片格式、统一员工制服、统一佩戴标识、使用标准色、使用标准字等，1 项 3 分，最多 18 分			18			
11.1.2　行为形象	有赞助公益事业制度、参加义务服务制度、参加慈善活动制度、有内部刊物或报纸等，1 项 3 分，最多 12 分			12			
11.1.3　理念形象	有明确的企业宗旨、企业形象口号、企业价值体系箴言等，1 项 3 分，最多 9 分			9			
11.2　企业形象宣传	有企业形象宣传计划、目标、活动、年度预算、结果监测等		6				
11.3　企业形象维护	有专门负责机构、形象调查制度和形象评估方法等		5				
11.4　企业形象使用	旅行社经营网络均使用统一企业形象标识		5				
11.5　诚信建设	设立诚信档案（如上团投诉记录等，区分主要责任方和责任人）并纳入人事管理体系		5				
12　价格管理		40					
12.1	建立旅行社产品价格体系		5				
12.2	实行统一的营销价格政策		5				
12.3	各销售网点营销价格一致		5				

项目	评 分 标 准	大项分值栏	分项分值栏	次分项分值栏	小项分值栏	计分	计分栏
12.4	同级销售人员营销价格授权一致		5				
12.5	旅行社产品、服务项目明码标价，质价相符		5				
12.6	无恶意削价竞争行为		5				
12.7	无低于成本价招徕、组织、接待旅游者的行为		5				
12.8	无强迫供应商低于成本价接待的行为		5				
合计		1 000					

注：分项分值栏为打分点，所有分项分值总和为 1 000 分。

附录H.3：（规范性附录）旅行社服务质量暗访制度及评分表

旅行社服务质量暗访是指具备检查资格的专业人员受旅行社等级评定委员会的委派，以普通客人身份体验旅行社提供的各种服务，依照本标准对申报等级的旅行社的服务质量进行检查的活动。检查的结果可以体现出旅行社服务质量的真实情况，其结果对旅行社等级评定有决定性影响，如表H-6所示。

1. 旅行社暗访制度的实施

1） 申请4A、5A等级评定的旅行社必须接受2名检查员的暗访。

2） 检查员接受旅行社等级评定委员会的委派，以普通客人的身份接受参评旅行社的服务，重点针对旅行社的服务质量进行暗访并打分。

3） 检查员对旅行社进行暗访检查时不得暴露真实身份，不得通知旅行社。

4） 暗访结束时，检查员向旅行社出示旅行社等级评定委员会签发的《暗访通知书》和本人的《旅行社等级评定检查员检查证》，由被检查的旅行社负责报销与本次检查直接相关的费用。

5） 暗访结束后，检查员在5个工作日以内整理暗访评分情况，做出检查报告，向旅行社等级评定委员会报告暗访情况。

2. 检查结果的处理

旅行社等级评定委员会应在接到所有暗访报告后15个工作日内，对参评旅行社的服务质量做出评定。

3. 评分标准

表H-6　旅行社服务质量暗访评分表

项目	评 分 标 准	达到	未达到
1　合同管理			
	旅行社应严格执行规范旅游组接团合同，严格按合同规定提供服务	2	0
	因客观原因旅行社和旅游者变更合同内容的，应建立在与对方当事人意见一致的基础上协商解决	1	0
2　导游员素质			
2.1　基本素质			
2.1.1　爱国主义意识	在服务过程中能维护国家和民族的利益	1	0
2.1.2　法律意识	在服务过程中能遵纪守法	1	0
2.1.3　职业道德	在服务过程中能遵守社会公德，维护旅游者的合法利益	1	0
2.2　仪容仪表			
2.2.1　着装	5A旅行社导游员统一着装，着装整洁得体（4A不需要统一着装）	1	0
2.2.2　仪表	举止大方，礼貌友好，表情自然诚恳	1	0
2.2.3　证件佩戴	上团时佩戴导游证、举导游旗	1	0
2.3　业务水平			
2.3.1　语言	语言文明、准确、生动、形象，富有表达力	1	0
	在服务过程中能够使用礼貌用语	1	0
2.3.2　知识	具有较广泛的政治、经济、历史、地理以及国情、风土习俗等方面的知识，能够准确向旅游者解说	2	0

项目		评 分 标 准	达到	未达到
3　导游服务				
3.1　全陪（领队）服务				
3.1.1	首站接团	提前半小时到接待地点迎候旅游团队、散客	1	0
		代表组团社和个人向旅游团队、散客致欢迎辞，主要包括表示欢迎、自我介绍、表示提供服务的真诚愿望、预祝旅行愉快等内容	1	0
3.1.2	进住饭店	主动协调领取办理旅游团的住店手续，并协助有关人员处理旅游者进店过程中可能出现的问题	1	0
3.1.3	离站服务	协助地陪妥善办理离店事宜，使旅游团队（散客）安全、顺利地搭乘交通工具	1	0
3.1.4	途中服务	乘坐交通工具向异地移动途中，应提醒旅游者注意身和财物的安全	1	0
		协助旅游者安排好饮食和休息	1	0
3.1.5	末站服务	提醒旅游者带好自己的物品和证件	1	0
		征求旅游者对接待工作的意见和建议	1	0
		对旅途中的合作表示感谢，并欢迎再次光临	1	0
3.1.6	各站衔接	全陪的各站服务之间有机衔接，使旅游活动全面、顺利地开展	1	0
3.2　地陪服务				
3.2.1	接站服务	提前半小时到达接站地点	1	0
		在旅游团队、散客出站前持接站标识和导游旗，站立在出站口醒目位置热情迎接旅游者	1	0
		在旅游者上车时，恭候在车门旁	1	0
		旅游者上车后，协助旅游者就座，礼貌地清点人数	1	0
		行车过程中，向旅游团队、散客致欢迎辞并介绍本地情况和行程安排	1	0
3.2.2	入店服务	在抵达饭店途中向旅游者简单介绍饭店情况、入店、住店的注意事项等	1	0
		旅游团队、散客抵达饭店后，引导旅游者到指定地点办理入店手续	1	0
		旅游者进入房间前，向旅游者介绍在饭店内就餐的形式、时间、地点，并告知有关活动的时间安排	1	0
3.2.3　游览讲解				
3.2.3.1	出发前	提前 10 分钟到达集合地点	1	0
		请旅游者及时上车，上车后清点人数	1	0
3.2.3.2	抵景点途中	向旅游者介绍本地的风土人情、自然景观以及游览景点的简要情况，并回答旅游者提出的问题	1	0
		游览景点时，应告知旅游者在景点停留的时间，以及游览结束后集合的时间和地点	1	0
		应向旅游者讲明游览过程中的注意事项	1	0
3.2.3.3	景点导游、讲解	讲解内容包括该景点的历史背景、特色、地位、价值等方面的内容	1	0
		在计划时间和费用内做到讲解和指导游览相结合，使旅游者能充分游览	1	0
		对老、弱、病、残、孕的旅游者能给予特别关照	1	0
		在景点导游过程中，始终与旅游者一起活动	1	0
		每次变换地点时应清点人数	1	0

续表

项目	评 分 标 准	达到	未达到
3.2.4 旅游团队、散客就餐	介绍餐馆的有关设施和特色	1	0
	引导旅游者到餐厅入座	1	0
	介绍菜肴和酒水的特色	1	0
	解答旅游者用餐过程中的提问，解决出现的问题	1	0
3.2.5 旅游团队、散客购物	向旅游者介绍本地商品的特色	1	0
	按旅游者的需要在购物过程中提供翻译、介绍托运手续等相关服务	1	0
3.2.6 观看文娱节目	简单介绍节目内容和特点	1	0
	引导旅游者就座	1	0
	在旅游者观看节目时，始终坚守岗位	1	0
3.2.7 结束当日活动	旅游团队、散客结束在本地的参观游览后，询问旅游者对当日活动安排的反映，并宣布次日的活动日程、出发时间和注意事项	1	0
3.2.8 送站服务	在旅游团队、散客离站的前一天，通知旅游者移交行李和与饭店结账的时间	1	0
	协助旅游者办理相关离站手续，按时把旅游者送至站点	1	0
	送站途中诚恳征求旅游者对接待工作的意见和建议，并祝旅途愉快	1	0
	在旅游团队、散客乘坐的交通工具起动后再离开	1	0
4 突发事件处理			
4.1 路线或日程变更	旅游团队、散客在旅游过程中提出变更路线或日程要求时，导游员原则上按合同执行，特殊情况报组团社	0	−1
	在旅游过程中因客观原因需要变更路线和日程时，导游员应向旅游团队、散客做好解释工作	0	−1
4.2 丢失物品	在旅游者丢失物品时，导游员应详细了解丢失情况并协助查找	0	−1
4.3 旅游者伤病	旅游者发生意外受伤或患病时，领队或导游员应陪同患者前往医院就诊并及时探视	0	−1
4.4 其他问题	导游员应在合理和可能的前提下积极协助有关人员妥善处理	0	−1
5 安全防范			
	旅行社应按国家有关规定办理旅行社责任保险	1	0
	旅行社应根据旅游者要求，协助旅游者办理人身意外伤害保险等	1	0
	导游员不应带领旅游者到没有安全保障的区域游览参观，在自由活动开始之前要再次告知旅游者不要到没有安全保障的区域游览参观	1	0
6 投诉处理			
	旅行社有专人负责旅游服务质量监督和投诉处理工作	1	0
	旅行社投诉受理人员能够耐心倾听旅游者投诉，并及时核查事实，做出处理意见，对旅游者做出满意的答复	1	0
合计		60	

附录 H.4：（规范性附录）旅行社服务质量顾客调查表，如表 H-7 所示。

1. 调查说明

调查问卷满分 150 分。

3A 级旅行社：调查取样不低于 100 份。

4A 级旅行社：调查取样不低于 200 份。

5A 级旅行社：调查取样不低于 300 份。

2. 调查标准

旅行社服务质量顾客调查问卷如下。

尊敬的顾客：

为了提高北京市旅行社的整体服务水平，根据旅行社等级划分与评定（DB11/T 393—2012）的标准，旅行社等级评定委员会于 2012 年起开始对旅行社进行等级评定。您本次旅行的宝贵意见，将是本项评定工作的重要影响因素。

您只需在相应的评分项中打"√"。分值越高，表示您对旅行社提供的该项服务越满意。5 分为非常满意、4 分为满意、3 分为一般、2 分为不满意、1 分为非常不满意。

谢谢您的支持！

旅行社等级评定委员会

表 H-7 旅行社服务质量顾客调查表

项目	序号	评 分 标 准	项目分值				
			5	4	3	2	1
信息咨询	1	可方便地从该旅行社网站获得及时、准确的旅游信息					
	2	可方便地通过电话、网络等咨询和预订					
	3	服务人员具备相应的产品知识，能为顾客提供快速、有效、热情的服务					
	4	服务人员的技能、礼貌让顾客产生信任感和安全感					
交通	5	对所选航班（车次）的时间满意					
	6	对所选航班（车次）的价格满意					
	7	所选旅游车辆安全可靠					
	8	所选旅游车辆干净清洁					
	9	所选旅游车辆设施良好					
	10	司机驾驶安全、熟悉线路					
住宿	11	所选饭店具有干净的住宿环境和良好的设备					
	12	所选饭店的等级安排适当					
	13	所选饭店能提供便利性服务					
餐饮	14	所选餐馆提供了足量的饭菜					
	15	所选餐馆提供了干净的饭菜					
	16	所选餐馆提供了可口的饭菜					
	17	所选餐馆的地点、风格适当					
导游员	18	导游员有良好的解说能力					
	19	导游员有良好的沟通协调能力					
	20	导游员能为顾客着想，有责任心					
	21	导游员具有良好的带团技巧，较高的专业化水平					
	22	导游员具有较高的应变能力，必要时能适时采取补救措施					
售后	23	旅行社产品售后服务工作处理及时到位					
	24	旅行社能加强和已参团顾客的联系					
产品安排	25	旅游线路游览时间安排合理					
	26	购物次数、购物停留时间安排适度					
	27	自选项目活动安排合理					
	28	线路景点的安排有吸引力					
	29	产品质价相符					
总体	30	我满意旅行社此次服务安排，如果下次出行，我很愿意选择该旅行社提供的服务					

您的其他意见或建议：_____

附录I

旅行社质量等级划分与评定

（DB12/T 342—2012）

前　言

本标准按照 GB/T 1.1—2009 给出的规则起草。

本标准代替 DB12/T 342—2007，与前版标准相比主要技术内容变化如下：

① 调整了各项指标项目，更具可操作性；

② 更加注重对旅游消费者权益的保护；

③ 强化行业制度建设要求，规范内部管理；

④ 增加对雇佣人员的经济权益内容；

⑤ 强化对分支机构管理的要求；

⑥ 规范了附加奖励部分内容。

本标准的某些内容可能涉及专利。本标准的发布机构不承担识别这些专利的责任。

本标准由天津市旅游局提出并起草。

本标准主要起草人：尹大勇、刘桂明、王立、赵泰、刘莉。

本标准历次发布情况为：DB12/T 342—2007。

旅行社质量等级划分与评定

范围

本标准规定了旅行社质量划分与评定的术语和定义、等级标志、参评条件、等级划分与评定的依据、等级的评定、标志管理。

本标准适用于在天津市行政区域内依法注册的具有法人资格的各类旅行社。

术语和定义

下列术语和定义适用于本标准。

质量等级（quality rating）

是指对符合参评条件的旅行社，从基本条件、综合指标、综合管理、商业信用及社会声誉等方面进行评价后，对旅行社进行的分级。

等级标志

等级以英文字母 A 来表示，共分 A、AA、AAA、AAAA、AAAAA 五个等级，A 的数量越多等级越高。

参评条件

参评的旅行社应同时满足以下条件：

坐落在天津市行政区域内；

依法注册并具有法人资格；

经营一年以上（含一年）。

等级划分与评定依据

等级评定由旅行社质量等级评定委员会遵照本标准中附录 I.1 和附录 I.2 的规定进行综合评定。

等级划分以旅行社的基本条件、综合指标、综合管理、商业信用及社会声誉、附加奖励等为依据。

等级的评定

等级评定的组织

旅行社质量等级评定委员会由天津市旅游行政管理部门、天津市标准化管理部门、旅游质量监督管理部门、旅游培训部门和天津市旅游协会旅行社分会成员及相关专家组成。

旅行社质量等级评定工作由旅行社等级评定委员会统筹负责，其责任是制定等级评定的实施办法、检查细则、制定选聘检查员的标准。旅行社质量等级评定委员会下设办公室负责日常工作。

旅行社质量等级评定检查员由旅行社质量等级评定委员会选聘。

等级的申请

旅行社申请等级，应向旅行社质量等级评定委员会递交申请材料。申请材料包括：旅行社质量等级申请报告、自查自评情况说明、与申请等级对应数量的游客意见调查表及其他必要的文字、图片等资料。

提供虚假材料者一经查实将不予受理，且该旅行社在三年内不得申请等级评定。

等级的评定程序

受理

接到旅行社质量等级申请报告后，旅行社质量等级评定委员会应在核实相关材料的基础上，于 5 个工作日内做出是否同意受理的答复。

检查

受理申请报告后，旅行社质量等级评定委员会应在 30 个工作日内进行审查核实，综合评定，提交报告。对评定不达标的旅行社，旅行社质量等级评定委员会应予以告知，进行指导，并于 60 个工作日内再次安排评定检查。两次检查不合格的旅行社，自收到正式通知之日起一年内不得再次申报同等级及以上等级。

评审

接到检查报告后，旅行社质量等级评定委员会应在 30 个工作日内根据检查员的意见对申请等级的旅行社进行评审。评审的主要内容包括：审定申请资格、核实申请报告、认定本标准的达标情况等。

审批

旅行社质量等级评定委员会对于经评审达标的旅行社应予审批，授予相应的等级标志，报天津市旅游行政管理部门备案，并向社会公布。

等级复核

对已经评定质量等级的旅行社，旅行社质量等级评定委员会应遵照附录 I.1 和附录 I.2 的规定每两年进行一次复核。

复核工作由旅行社对照本标准进行自查，并将自查结果报天津市旅行社质量等级评定委员会，由旅行社质量等级评定委员会抽查验收。

对于复核达不到原等级的旅行社，按以下办法处理：

旅行社质量等级评定委员会根据情节轻重给予警告、降低或取消等级的处理；

旅行社质量等级评定委员对接到警告通知书的旅行社逾期未整改或在整改后未达标者，给予降低或取消其等级的处罚，并向社会公布；

被降低或取消等级的旅行社，自降低或取消等级之日起一年内，不予恢复或重新评定等级。

旅行社接到警告通知书或降低等级的通知后，必须认真整改并在规定期限内将整改情况向旅行社质量等级评定委员会报告。

标志管理

等级标志使用期限为四年（自颁发标志之日起计算）。到期必须重新申请、评定。如发生重大安全责任事故、严重服务质量投诉、其他严重违法违规行为等，旅行社质量等级评定委员会应在天津市旅游行政管理部门认定后做出降低或取消等级的处理。

凡等级标志使用有效期满而不继续申请的，不得继续使用该标志。

降低或取消等级的旅行社，应在 10 个工作日内将原等级标志交还旅行社质量等级评定委员会，同时不得在媒体广告上继续使用该标志。

旅行社等级标志由天津市旅行社质量等级评定委员会统一制作、核发。

旅行社等级标志应置于旅行社总部的明显位置。

附录 I.1：旅行社质量等级划分与评定标准和评分表见表 I-1。

表 I-1 旅行社质量等级划分与评定标准和评分表

计 分 说 明

一、标准基本部分满分 200 分，另设附加奖励分部分

二、评分表分为基本条件、综合指标、综合管理、商业信用及社会声誉和附加奖励等 5 个一级子项目，共 25 个二级子项目，38 个三级子项目，8 个四级子项目

三、最低总分要求（含附加奖励分）

A 级旅行社：110 分以上（含 110 分）

AA 级旅行社：130 分以上（含 130 分）

AAA 级旅行社：150 分以上（含 150 分）

AAAA 级旅行社：170 分以上（含 170 分）

AAAAA 级旅行社：190 分以上（含 190 分）

序号	项目和内容	评分依据和方法	项目总分	分档计分	考核得分
1	基本条件		43		
1.1	旅行社规模	注册资本≥600 万（人民币）（下同），得满分；300 万≤注册资本<600 万，得 6 分；150 万≤注册资本<300 万，得 4 分；30 万≤注册资本<150 万，得 2 分	8	8	
1.2	旅行社营业场所（总社）		14		
1.2.1	场所稳定性	属旅行社自有产权房，得满分；在原址连续租赁满 5 年的，得 3 分；满 3 年不满 5 年的，得 2 分；满 1 年不满 3 年的，得 1 分；租赁期限不足 1 年，不得分		4	
1.2.2	场所使用面积	营业场所的建筑面积总和不低于 600 m²，得满分；营业场所的建筑面积总和不低于 400 m²，得 4 分；营业场所的建筑面积总和不低于 200 m²，得 3 分；营业场所的建筑面积总和不低于 50 m²，得 2 分；不足 50 m² 不得分		6	
1.2.3	区域划分	有独立的游客咨询与接待区域且标识明显，此项得分		2	
1.2.4	资料提供	营业场所对客接待区域摆放有服务项目宣传品及旅游线路价目表；与本社业务有关的旅游目的地介绍，有 1 项得 1 分		2	
1.3	从业人员		16		
1.3.1	管理人员	副总经理以上的高级管理人员有 5 年以上（含 5 年）旅行社从业经历（参看个人履历），得满分；不足 5 年，得 1 分		2	
1.3.2	导游人员和领队	专职导游员和领队均签订正式劳动合同，保障最低工资并上保险的，人数≥20 人，得满分；10 人≤人数<20 人，得 4 分；5 人≤人数<10 人，得 3 分；人数<5 人，得 1 分		8	
1.3.3	与非导游领队岗位员工签订劳动合同并上保险	以现场检查为准，缺少 1 人合同扣 2 分，可以倒扣分		6	
1.4	参加行业组织情况	天津市旅游协会旅行社分会会员单位，此项得分	5	5	
2	综合指标	以下指标均指参评社上一年度统计数据	24		

序号	项目和内容	评分依据和方法	项目总分	分档计分	考核得分
2.1	主营业务收入总额（含代收代付）/元	收入总额≥2 000 万，得满分；1 000 万≤收入总额＜2 000 万，得 5 分；500 万≤收入总额＜1 000 万，得 4 分；300 万≤收入总额＜500 万，得 3 分；100 万≤收入总额＜300 万，得 2 分；30 万≤收入总额＜100 万，得 1 分；30 万以下不得分	6		
2.2	年旅游组织接待游客人天数（含国内、入境、出境）/人天数	组接人数≥15 万，得满分；10 万≤组接人数＜15 万，得 5 分；5 万≤组接人数＜10 万，得 4 分；1 万≤组接人数＜5 万，得 3 分；5 000≤组接人数＜1 万，得 2 分；1 000≤组接人数＜5 000，得 1 分；1 000 以下不得分	6		
2.3	年利润/元	利润≥20 万，得满分；10 万≤利润＜20 万，得 5 分；5 万≤利润＜10 万，得 4 分；1 万≤利润＜5 万，得 3 分；5 000≤利润＜1 万，得 2 分；1 000≤利润＜5 000，得 1 分；1 000 以下不得分	6		
2.4	年实缴税金/元	实缴税金≥20 万，得满分；10 万≤实缴税金＜20 万，得 5 分；5 万≤实缴税金＜10 万，得 4 分；1 万≤实缴税金＜5 万，得 3 分；5 000≤实缴税金＜1 万，得 2 分；500≤实缴税金＜5 000，得 1 分；500 以下不得分	6		
3	综合管理		109		
3.1	经营管理		32		
3.1.1	严格遵守《旅行社条例》和《旅行社条例实施细则》	以行业管理部门检查记录为准，出现未遵守的情况 1 次扣 2 分，可以倒扣分	6		
3.1.2	证照悬挂于经营场所醒目位置	以现场检查为准，悬挂旅行社业务经营许可证及工商营业执照，缺 1 项扣 1 分	2		
3.1.3	办公设施设备齐全，实行计算机管理，具备与旅游行政管理部门联网条件	以现场检查为准，具备办公桌椅、电脑、传真、电话等办公设备，每缺 1 项扣 1 分；若有员工在办公场所居住的，此项不得分	2		
3.1.4	各项规章制度建立健全（建立旅行社经营规范、岗位职责和员工守则、服务质量管理、人事制度、财务制度、分支机构管理、供应商管理、安全管理与应急预案、档案管理、投诉管理、驾驶员及车辆管理等）	以现场检查相关资料为准，每缺 1 项扣 2 分，可以倒扣分	10		
3.1.5	有完备的旅游团队档案，组团档案应包括：团队名单表、旅游合同、保险名单、行程安排、接团确认书、付款凭证、游客意见调查表等；地接档案应包括：团队接待通知书或确认书（含行程报价等）、游客名单、财务结算单等。若有投诉信或记录、投诉处理结果等，也须存入档案；出境档案保存 3 年，其他档案保存 2 年	以现场检查相关资料为准，如缺项或未按要求管理的 1 项扣 1 分，可以倒扣分	6		
3.1.6	广告宣传符合规范，积极推出品质旅游产品，无价格欺诈行为，无恶意低价竞争行为	以行业管理部门记录为准，宣传不规范或报价低于成本的，此项不得分	6		

序号	项目和内容	评分依据和方法	项目总分	分档计分	考核得分
3.2	服务要求		10		
3.2.1	提供全年旅游服务	不分行业淡旺季正常营业的，得满分；其余不得分		2	
3.2.2	服务时段	每日营业时间不低于 10 小时，得 2 分；不低于 8 小时，得 1 分；其余不得分		2	
3.2.3	服务礼仪	有员工服务礼仪规范，员工主动与顾客打招呼，询问需求，提供帮助；服务时使用礼貌用语；员工在工作时段始终保持工作状态，通过实际检查结果，酌情给分		6	
3.3	遵守行业管理		14		
3.3.1	按照旅游行政管理部门要求及时上报或填报统计调查、团队备案等各种资料、报表，保证报表数据信息真实完整	检查报表填报记录，需要旅游行政管理部门反复催促填报或内容不真实的 1 次扣 2 分，可以倒扣分		6	
3.3.2	旅行社重大事项变更，按规定及时报批或备案，单位名称、营业场所、企业形式、投资人等变更须报批，法人、总经理及服务网点等变更须备案	以行业管理部门记录和现场检查为准，实际情况与证照不符的 1 项扣 2 分，可以倒扣分		4	
3.3.3	按时组织导游员年审	参照上一年度导服中心年审记录，不及时参加导游员年审的 1 社 1 卡扣 1 分，可以倒扣分		4	
3.4	人员管理		12		
3.4.1	总经理持有旅行社经理岗位培训证书	以现场检查为准		2	
3.4.2	部门经理持有旅行社经理岗位培训证书	以现场检查为准，缺少 1 本证书扣 1 分，可以倒扣分		2	
3.4.3	导游员、领队持有导游证及领队证	以现场检查为准，缺少 1 证扣 1 分，可以倒扣分		2	
3.4.4	专职会计要有会计从业资格	以现场检查为准，无从业资格此项不得分		2	
3.4.5	注重员工素质教育和培训，培训制度化	有新员工培训制度和日常培训制度，缺 1 项扣 2 分；连续两年未组织任何培训的（以评定当年和上一年度培训记录为准），此项不得分		4	
3.5	安全管理		23		
3.5.1	制定并实施安全工作应急预案	以现场检查为准，未制定应急预案且没有演练记录的，此项不得分		3	
3.5.2	严格实施出团前的安全教育制度，对有可能危及游客人身、财物安全的，应当做出真实说明和明确警示，并采取预防措施，同时获得游客签字确认，或在旅游合同中有明确的安全注意事项	现场随机抽选出团记录或旅游合同，没有做安全教育或在合同中没有明确安全注意事项的，1 次扣 1 分，可以倒扣分		3	

序号	项目和内容	评分依据和方法	项目总分	分档计分	考核得分
3.5.3	与旅游业务协作单位特别是车船公司、餐饮、饭店、景点等签订的合同中，明确约定双方安全责任以及处理赔偿办法	检查，查阅相关材料，选择信誉度高且有规模的合作单位，缺1家单位扣2分，每缺1项内容扣1分，可以倒扣分		3	
3.5.4	及时足额投保旅行社责任险	投保示范项目的得满分，其他得3分，未投保责任险，此项不得分		8	
3.5.5	为导游和领队人员投保人身意外险	现场检查相关材料，未投保不得分		3	
3.5.6	积极协助组团游客办理意外险	现场检查相关材料，游客投保率80%以上，得3分；50%≤投保率<80%，得2分；20%≤投保率<50%，得1分，不足20%不得分		3	
3.6	分支机构管理（服务网点）	有多个服务网点的按加权平均分计算；如发现有挂靠承包行为的将停止等级评定	18		
3.6.1	场地情况		6		
3.6.1.1	有固定的营业场所，位于临街底商、商务楼或旅游饭店等非居民住宅用房	以现场检查为准，不符合要求不得分		2	
3.6.1.2	《服务网点备案登记证明》《工商营业执照》悬挂于营业场所的醒目位置	以现场检查为准，缺1项扣1分		2	
3.6.1.3	具备办公条件，办公设施设备齐全（电脑、传真、电话等），具备与旅游行政管理部门联网条件	以现场检查为准，不具备办公条件的此项不得分，办公设备不全的，缺1项扣1分		2	
3.6.2	日常管理		8		
3.6.2.1	管理制度健全，其中部分重要管理制度上墙公示	包括服务网点管理制度和人员守则，缺1项扣2分		3	
3.6.2.2	服务网点提供的咨询和宣传服务在其设立社的经营许可范围内	现场检查发现超范围经营的将停止等级评定，并对其设立社进行处理，整改后再次进行等级评定		2	
3.6.2.3	服务网点工作人员均与设立社签有正式劳动合同（包括临时合同）	在总社检查劳动合同与现场实际人员情况做比照，缺少1人合同扣2分，可以倒扣分		3	
3.6.3	财务管理		4		
3.6.3.1	服务网点使用的税务发票、收据、合同均由设立社统一编号，管理	以现场检查为准，未由设立社统一管理的此项不得分，且对其设立社进行处理并整改		2	
3.6.3.2	团款结算由设立社财务部统一负责	在总社检查相应的分支机构团款结算制度，没有不得分		2	
4	商业信用及社会声誉	选择有信誉的供应商，能够确保线路产品品质	24		
4.1	合作供应商选择	与供应商签订委托合同，选择有信誉的供应商，能够确保线路品质并能够按约定的期限和付款条件履约的，得满分；否则缺失一项扣2分，可以倒扣分	4		

序号	项目和内容	评分依据和方法	项目总分	分档计分	考核得分
4.2	与游客关系		8		
4.2.1	旅行社与游客签订统一规范的旅游合同，合同中线路报价要包含用餐、住宿、交通、主要景点、购物次数（不超过行程日数的一半）等内容	以现场随机抽检团队档案为准，每缺少1人合同扣2分，合同内容不规范1项扣1分，可以倒扣分		6	
4.2.2	每团发放"游客意见调查表"	以现场随机抽查团队档案为准，满意率60%以上得1分，90%以上得2分，缺少游客意见调查表此项不得分		2	
4.3	与兼职导游员派出单位关系	聘用兼职导游应向派出单位及时反馈意见，不反馈不得分	2		
4.4	投诉管理		10		
4.4.1	公布旅行社咨询和投诉电话	以现场检查为准，上墙公示，缺1项扣1分		2	
4.4.2	有完善的投诉处理制度和处理流程，设有专门的质监人员，及时妥善受理投诉，并建立完整的投诉记录处理档案	以市质监所记录和现场检查，查阅相关资料为准，缺1项内容扣2分，可以倒扣分		4	
4.4.3	有效投诉	以市旅游质监所立案公示为准，上一年度无有效投诉的得满分；不超过组接（组织和接待）人数的万分之一，得3分；不超过组接人数的千分之一，得2分；不超过组接人数的百分之一，得1分；超过组接人数的百分之一，不得分		4	
	合计		200		
5	附加奖励（以下各项是指含评定年度3年内获得的各项有关称号）				
5.1	获入市旅游奖	1次加3分			
5.2	有旅游电子信息查询系统	提供实物并可现场演示，加2分			
5.3	获全国百强社称号	提供相关证明文件或材料，1次加4分			
5.4	获全国及天津市"青年文明号"称号	提供相关证明文件或材料，全国加4分；天津市加2分			
5.5	有效推行科学管理并通过相关体系认证	提供相关证明文件或材料，加4分			
5.6	导游员获得"全国优秀导游员"及"天津市优秀导游员"以上称号	提供相关证明文件或材料，全国加4分/人次；天津市加2分/人次			
5.7	曾派出援藏、援疆导游员，积极执行国家重点派遣任务	提供相关证明文件或材料，加2分/人次			
5.8	参加过旅游行业管理部门组织的重大接待活动	由旅游行业管理部门认定，1次加2分			
	附加奖励得分				
	总得分				

附录 I.2：旅行社服务质量游客调查表见表 I–2。

对游客的调查表满分为 100 分，分为信息咨询、交通、住宿、餐饮、导游员、产品安排和总体等 7 个大项，共 20 个小项。游客满意度调查以实地抽查方式进行。

"满意"指每份调查表得分 75 分以上。满意率＝调查结果为"满意"的问卷数/有效问卷数×100%。各等级旅行社最低调查取样和达标满意率要求：

A 级旅行社：调查取样不低于 50 份，满意率不低于 80%；

AA 级旅行社：调查取样不低于 100 份，满意率不低于 80%；

AAA 级旅行社：调查取样不低于 150 份，满意率不低于 85%；

AAAA 级旅行社：调查取样不低于 200 份，满意率不低于 90%；

AAAAA 级旅行社：调查取样不低于 300 份，满意率不低于 95%。

表 I–2　天津市旅行社服务质量游客调查表

尊敬的游客：

为了提高天津市旅行社的整体服务水平，请您为本次旅行留下宝贵意见，您只需在相应的评分项中打"√"。分值越高，表示您对旅行社提供的该项服务越满意。5 分为非常满意、4 分为满意、3 分为一般、2 分为不满意、1 分为非常不满意。

谢谢您的支持！

项目	序号	评分标准	项目分值				
			5	4	3	2	1
信息咨询	1	可方便地获得该旅行社相关旅游产品信息					
	2	该旅行社的线路设计有吸引力					
	3	可方便地通过电话咨询、预订					
	4	服务人员具备相应的产品知识，能为顾客提供快速、有效、热情的服务					
	5	服务人员的技能、礼貌让顾客产生信任感和安全感					
交通	6	对所选航班（车次）的时间、价格、服务满意					
	7	所选旅游车辆安全可靠、干净清洁、设施良好					
	8	司机驾驶安全、熟悉线路					
住宿	9	所选饭店具有干净的住宿环境、良好的设备，等级安排适当并提供便利性服务					
餐饮	10	所选餐馆提供了足量的、干净的、可口的饭菜					
导游员	11	导游员有良好的沟通协调及解说能力，语言文明					
	12	导游员能为顾客着想，有责任心					
	13	导游员具有良好的带团技巧，较高的专业化水平					
	14	导游员具有较高的应变能力，必要时能适时采取补救措施					
产品安排	15	旅游线路游览时间安排合理					
	16	购物次数、购物停留时间安排适度					
	17	自选项目活动安排合理					
	18	线路景点的安排有吸引力					
	19	产品质价相符					
总体	20	我满意旅行社此次服务安排，如果下次出行，我很愿意选择该旅行社提供服务					

您的其他意见或建议：

游客签字：   联系电话：

天津市旅行社质量等级申请

天津市旅行社质量等级评定委员会：
根据天津市地方标准《旅行社质量等级划分与评定》（DB12/T 342—2012），本旅行社申请评定为级旅行社。
本旅行社保证遵守下列原则：
填写报告书的各项内容和数据真实有效。
提交的相关申请材料真实有效。
服从天津市旅行社质量等级评定委员会对本
旅行社的评审结论及最终确定的质量等级。
旅行社法人盖章：
旅行社公章：

                                                              年   月   日

致　　谢

　　旅行社经营管理沙盘是笔者在酒店管理模拟沙盘基础上开发的第二套沙盘教学系统。酒店管理模拟沙盘在教学应用中取得了师生的一致好评，也增强了笔者沙盘研发的信心。在本套沙盘研发中，笔者做了大量新的尝试，特别是在流程设计中，以"天"为最小模拟周期，这是目前沙盘教学系统中不曾出现的，也是设计该套沙盘的重大创新点。

　　在沙盘研发过程中，杨晓蕊、潘砚涛、张旭、张杨、张雪松、于玥、王中媛等老师参与了沙盘测试工作，并对内容修改和完善提供了宝贵意见，同时天津滨海职业学院13级旅游管理专业部分同学参与了沙盘测试工作，对以上同志一并表示衷心的感谢。

　　欣喜的是，在杨晓蕊、张雪松两位老师的大力支持下，旅行社经营管理沙盘在天津滨海职业13级旅游管理专业中顺利开展了教学，取得了师生的一致好评。

　　旅行社经营管理沙盘是笔者的呕心沥血之作，已向国家版权局申请了作品著作登记，欢迎同仁进行研究使用，同时也请尊重笔者的相关权益，在此表示感谢！

作品登记证书

No. 00180687

登 记 号：国作登字-2015-L-00180687
作品名称：旅行社经营管理沙盘　　　　作品类别：其他
作　　者：徐公仁　　　　　　　　　　著作权人：徐公仁
创作完成时间：2015年01月08日　　　首次发表时间：

　　以上事项，由徐公仁申请，经中国版权保护中心审核，根据《作品自愿登记试行办法》规定，予以登记。

登记日期：2015年03月18日　　　　　登记机构签章